북클럽 사용설명서

북클럽 사용설명서

초판인쇄 | 2023-2-5
초판발행 | 2023-2-10

저 자 | 변은혜
디자인 | 꽃마리쌤
펴낸곳 | 책마음
출판등록 | 2023.1.4(제2023-000001호)
주 소 | 강원도 원주시 남원로 702-1102
전 화 | 010-2639-5823
이메일 | book_maum@naver.com
인스타그램 | @bookmaum
ISBN | 979-11-981676-1-3 13020

변은혜 지음

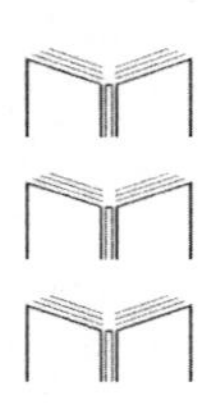

차례

PART3 독서행위로 본 북클럽 요소

PART4 북클럽의 물리적 요소

PART5 북클럽 운영에 관하여

프롤로그

예술의 공간, 북클럽

디지털로 촘촘히 연결된 세상입니다. 더 잘 연결되기 위해서 우리는 온라인 공간에서 매일 연습하고 있습니다. 그러나 한편으로 혼공, 혼술, 혼밥이 매우 익숙한 시대입니다. 촘촘히 밀착된 관계 속에서 뚝 떨어져 나만의 호흡을 되찾는 시간은 또 다시 연결되기 위해 매우 필요하지요. 이렇게 홀로 또 같이를 무수히 연습하는 것이 우리 삶입니다.

혼자의 시간을 유독 좋아했던 저는 대학 시절에 만난 관계들로 인해 30여 년 가까이 '함께'를 연습해 왔습니다. 그것은 '커뮤니티', '공동체'라는 말로도 표현할 수 있겠네요. '함께'를 잘하기 위해서는 '홀로'의 시간도 잘 지낼 수 있어야 했구요. '홀로'의 시간을 잘 보내기 위해서는 '함께'의 시간 또한 알차게 보내야 했습니다.

요즘 독서 모임이 다시 유행인 듯 SNS에는 유명 작가가 주관하는 북클럽부터 다양한 북클럽 모집 공고를 보게 됩니다. 코로나로 부쩍 온라인 모임이 많아지고 익숙해진 요즘, 사람들은 시대 변화에 발맞추고자, 독서를 통한 성장과 변화를 위해, 독서 습관을 들이기 위해, 다양한 생각의 향유를 위해, 그리고 조금은 안전하고도 깊은 연결을 위해 북클럽이라는 작은 공간을 찾고 있습니다.

저는 지난 30여 년 가까이 책을 중심으로 한 작은 모임을 꾸준히 해 왔습니다. 책이라는 도구는 저마다의 경험 속에서 꽃피워 낸 지식과 지혜를 가진 이들이 문자로 기록해 놓은 것입니다. 인쇄술이 발달하지 않고 너무나 고가여서 책을 소장하기 힘든 시기에 책의 소유 여부는 그 사회의 기득권을 표시해 주었습니다. 그러나 이제 누구나 손쉽게 책을 소유하고 읽을 수 있습니다. 그리고 책을 통해서 저마다의 생각과 느낌을 누구의 터치 없이 자유로이 표현할 수 있습니다. 그뿐만 아니라 1인 미디어 시대가 되어서 저마다의 방송국을 글과 영상으로 송출할 수 있는 시대가 되었습니다.

북클럽은 다채로운 삶의 스토리를 가진 사람들과 책이 만나는 공간입니다. 책이 중심인 듯 하지만 그것을 통과해 낸 사람들이 빚어낸 생각과 삶의 모양은 또 한 권의 책이 될 것입니다. 단순히 책 속 정보를 얻기 위한 공간만이 아니라 책으로 새롭게 빚어진 사람들을 만나는 공간이기도 합니다. 그리고 서로가 서로에게 거울이 되어 함께 빚어가는 공간입니다.

이 책은 30여 년 가까이 책을 중심으로 한 이들과의 모임을 돌아보며, 현재 북클럽을 시작하고자 하는 분들을 돕기 위해 썼습니다. 우선 북클럽을 왜 해야 하는지 그 필요성에 대해서 살펴보았고요. 그리고 단순히 북클럽을 운영하기 위한 실전뿐 아니라 북클럽을 이루는 요소 하나하나를 뜯어보면서 정리했습니다. 북클럽에서 이루어지는 독서 행위 중심으로 본 읽기와 쓰기, 말하기와 듣기에 대해서 먼저 살펴보고, 북클럽의 물리적 요소인 리더와 멤버, 책을 중심으로 한 논제에 대해서 생각해 보았습니다. 마지막으로 북클럽 운영 실전과 관련된 부분을 살펴보았습니다.

가상공간 메타버스가 판치고 디지털 기술이 발달하더라도 인간과 인간이 깊이 교감할 수 있는 작은 커뮤니티는 미래에도 사람들이 더욱 찾는 공간이 될 것입니다. 특히 책을 중심으로 한 북클럽은 성장과 변화 뿐 아니라 사람들을 깊이 어루만지고 치료하는 영혼의 공간이 될 것입니다. 결국 책도 변하고 사람도 변합니다. 이 모든 것이 아름답게 섞이고 조합되어 변해가는 과정이 하나의 예술과 같지 않나요? 이 멋진 공간으로 여러분을 초대합니다.

변은혜

01 / 어른의 읽기

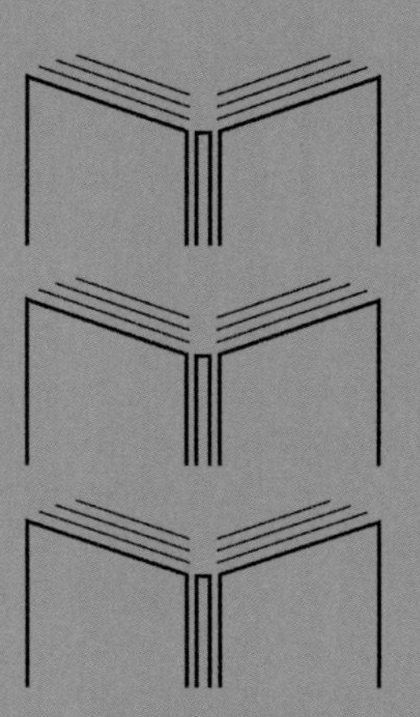

01 중딩보다 낮은 어른의 문해력

40%, 이 숫자는 무엇을 의미할까요? 2017년도 한 권의 책도 읽지 않은 독서실태 통계 결과입니다. 해마다 문화체육관광부는 국민 독서 실태를 조사합니다. 문화체육관광부가 1994년부터 국민실태 조사를 시작한 이래 가장 낮은 수치였다고 합니다. 1994년 13.2%였던 것이 1997년부터 30% 정도 유지하다가 2015년에 35%로 다시 하락했고 2017년에는 40%에 이릅니다. 반대로 성인 가운데 1년 동안 교과서, 수험서, 잡지, 만화 등을 제외한 일반 도서를 한 권이라도 읽은 비율은 59.9%입니다.

책을 읽지 못하는 이유로는 '일이나 공부 탓에 시간이 없어서'라는 대답이 성인(29.1%)과 학생(29.1%)이 모두 가장 많았습니다. 이어 '휴대전화, 인터넷 게임을 하느라(19.6%)', '다른 여가 활동으로 시간이 없어서(15.7%)', '책 읽기가 싫고 습관이 들지 않아서

(21%)'가 그 뒤를 이었습니다. 독서율이 큰 폭으로 하락한 이유가 사회가 각박해지고 경제가 어려워지면서 시간, 정신적인 여유가 줄어든 영향이 큰 것으로 보입니다. 스마트폰 이용으로 독서에 투자하던 시간과 노력도 점차 감소하고 있습니다. 스마트폰이 점차 많은 이의 손에 쥐어진 시기와 독서율이 하락한 시점은 거의 맞물려 돌아갔지요.

그렇다면 2년 뒤인 2019년 어른의 독서량은 더 나아졌을까요? 통계청이 발표한 2019년 사회조사 결과를 보면, 우리나라 만 13세 이상 인구 가운데 1년 동안 책을 한 권이라도 읽지 않은 독서인구는 50.6%라고 합니다. 2017년도 40%에서 더 줄어든 수치입니다. 독서 인구의 비중과 독서량 모두 연령이 높을수록 낮아지고 있는데요. 성인으로 대상을 한정하자면 1년에 책을 단 한 권도 읽지 않는 경우가 성인 전체의 절반이 넘는다는 뜻입니다.

[그림] 연간 종합 독서량(성인 vs 학생, 권)

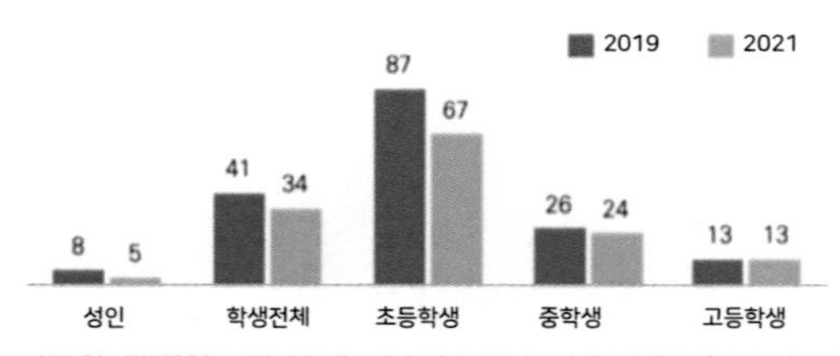

*자료 출처 : 문화체육관광부, '2021년 국민 독서실태 조사 결과', 2022.01.14 (성인 6,000명, 초등학생(4학년 이상)~고등학생 3,320명, 2021.09.01~11.12, 대면조사(성인)와 학교방문 자기기입식 조사(학생))
** 연간 종합독서량: 지난 1년간 읽거나 들은 일반도서 권수(교과서/참고서/수험서 제외, 종이책/전자책/소리책(오디오북) 포함)

다시 2년 뒤인 2021년에는 어떨까요? 위 그래프는 초등학생부터 성인까지 연간종합독서량을 2019년과 2021년을 비교한 자료인데요. 성인의 연간 종합 독서량은 2년 사이 8권에서 5권으로 무려 38%나 줄었습니다. 2021년 한 해 대한민국 성인은 평균 8권을 읽었고 초등학생은 성인의 8배인 67권을 읽었습니다. 중학생 독서량은 초등학생보다 한참 뒤처지는 24권이었고, 고등학생은 성인과 비슷한 13권이었습니다. 이는 2019년도에 비해서 모두 하락한 수치입니다. 2019년에도 2021년도에도 만 13세 이상 독서인구가 계속 줄어들고 있음을 확인할 수 있습니다. 20~30대 젊은 층은 전자책, 오디오북 이용 증가로 2019년 대비 독서율이 하락하지는 않았지만, 연령이 높아질수록 독서 인구 비율이 계속 낮아지고 있는 것이죠. 성인은 20, 30대 후반부터 결혼과 육아, 일과 생존 때문에 독서율이 더욱 떨어집니다.

초등학교 때 책을 많이 읽었던 사람도 중고생 때는 입시로, 어른이 되어서는 살아가기에 바빠서 읽지 못하고 있는 것이지요. 이는 단순히 스마트폰 사용뿐 아니라 우리 사회의 고질적인 사회 문제와도 관계가 있습니다. 입시가 없어지고, 장시간 노동이 줄어들고, 독박 육아가 아닌 일과 양육을 여유롭게 할 수 있는 사회 문화와 구조가 마련되지 않는 이상 청소년과 어른들에게 독서는 사치와 같을 것입니다.

평생공부시대에, 문맹아라니!

최근 문해력 이야기를 많이 합니다. 문해력은 문맹과 다릅니다. 문맹은 단순히 글자를 읽는 것이지만, 문해력은 주어진 자료를 읽고 이해하고 해석하는 능력을 말하지요. 그래서 문해력을 실질 문맹률이라고 말합니다. 19~79세 성인 문맹률은 1.7%로 우리나라 문맹률은 전쟁 이후를 거치며 거의 99% 이상 극복했습니다. 얼마 전 보았던 〈우리들의 블루스〉라는 드라마에서 김혜자 씨는 글자를 못 읽는 인물로 나옵니다. 제 주변에도 한 친구 어머니가 글을 못 읽는 분이 계셨지요. 그러나 이제는 그런 분을 거의 찾아볼 수 없습니다.

이제 우리 사회가 주목하고 있는 것은 실질 문맹률이지요. 글자만이 아니라 글을 읽고 그 의미를 파악할 수 있는 능력 말입니다. 이 문해력은 듣기, 말하기, 읽기, 쓰기 등 언어의 모든 기능을 활용할 수 있는 상태를 말합니다. 가끔 책을 빨리 읽어버린 아들에게 그 책의 내용을 물어보면 잘 이야기하지 못할 때가 있었어요. 글자는 읽었지만 그 책을 잘 소화하지는 못한 것이지요. 문해력의 문제입니다.

2021년 3월, EBS에서는 연중 기획으로 〈당신의 문해력〉이라는 프로그램을 방영했습니다. 문해력의 개념을 '현대 사회에서 일상생활을 영위해 나가는데 필요한 글을 읽고 이해하는 최소한의 능력'으로 정의하면서 일상생활을 영위하는 데 필요한 글을 읽고 해독하는 능력을 아래와 같이 다섯 단계로 나누었습니다.

- 0수준 : 읽고 쓸 수 있는 능력이 전혀 없는 완전 비문해자.
- 1수준 : 낱글자나 단어를 읽을 수 있으니 문자 이해력이 거의 없는 반문해자.
- 2수준 : 간단한 생활문을 읽고 원하는 정보를 찾아낼 수 있으나, 다소 길거나 복잡한 문장은 이해하지 못하는 수준.
- 3수준 : 신문 기사나 광고, 공공 기관 서식 등 일상 생활문 대부분을 이해하지만, 법령문 등의 이해나 추론 능력은 부족한 수준.
- 4수준 : 길고 어려운 문장, 내용이 복잡한 글을 이해하며 글에 나타나지 않은 내용까지 추론할 수 있는 능력

조사 결과 우리나라 성인의 문해력 평균 점수는 63.6점으로, 3수준 정도로 나타났고, 중학생이 문해력 평균 점수는 77.4(4수준)에 크게 못 미쳤다고 해요. 중학생이 성인보다 더 점수가 높게 나타났습니다. 아무래도 중학생은 어떻게든 글이라는 텍스트를 온종일 접할 수밖에 없는 환경이다 보니 이런 결과가 나왔나 봅니다.

국제성인 역량조사(PIAAC)에서 2013년도에 대한민국 성인(15~65세)들을 대상으로 문해력 평가를 실시했는데요. 이 평가에서 한국 성인 문해력은 273점으로 OECD 평균과 같았다고 해요. (22개국 중 12위) 한국 학생들은 국제학업성취도평가인 PISA에서 읽기 능력이 5위권 밑으로 내려온 적이 없지만 한국 성인 문해력 평균은 최하 수준인

1등급에서 한 등급 위인 2등급이었고, 비판적 사고가 가능한 3등급 이상 비율은 50%가 안 되었다고 합니다. 한국에선 자료를 읽고 해석해서 토론할 수 있는 성인이 채 반이 안 된다는 뜻입니다.

문해력이 떨어지는 이유는 무엇일까요? 우선 책을 읽지 않기 때문입니다. 그 이유는 앞에서 말씀드렸듯이 영상매체, 결혼과 육아, 생존의 문제가 읽기를 중단시킵니다. 강의 현장에서 첫 시간 과제로 자기소개 겸 독서 생애주기를 작성해 보게 하는데요. 어릴 때는 책을 많이 읽었던 분들도 여러 가지 상황으로 독서를 중단했다가 중년이 되어서 다시 읽기 시작하신 분들이 의외로 많았어요. 그러나 이미 굳어져 버린 뇌를 다시 유연하게 하는 것은 쉽지 않았습니다.

독서와 관련된 강의를 할 때 첫 시간에는 간단한 설문지를 내줍니다. 그래도 책을 읽어보겠다고 온 분들이었어요. 한 달에 1~2권 읽는 분들이 가장 많았습니다. 1년에 한 권도 읽지 않는 인구가 절반이 넘어가는 현실 속에서 한 달에 1~2권 읽는 것은 매우 대단합니다. 그런데도 리더를 하고 싶은 분들에게는 한 주에 한 권 정도 읽을 수 있도록 권면해 드립니다. 문해력은 우선 독서의 양과도 관련 있습니다. 양이 언젠가 질로 전환이 되기 때문입니다.

북클럽을 해보고 싶다면 이처럼 우리나라의 독서률과 관련된 배경지식을 조금이나마 알고 시작하면 좋겠습니다. 독서율이 높지 않은 현실 속에서 독서뿐 아니라 함께 시간과 존재를 내어주어야 하는 북클럽 리더나 멤버로 참여하려는 분들에게 응원의 박수를 보내드립니다.

02 그동안 우리는 너무 생존에 급급했다

한 강의에서 수업을 시작하기도 전에 한 분이 급하셨는지 대뜸 이런 질문을 해 주셨어요.

> "강사님, 제가 10년 전에는 책을 그래도 좀 읽었는데, 다시 읽으려고 하니 글자가 전혀 눈에 들어오지 않고, 잘 안 읽힙니다. 어떻게 해야 할까요?"

우리 뇌도 근육과 같아서 사용하지 않으면 그 능력이 감퇴합니다. 읽는 것은 오직 읽는 것으로 발전합니다. 10년 전에 운동해서 근육이 있었더라도 10년 동안 운동하지 않았다면 근육이 손실됩니다. 마찬가지로 10년 전에 읽었더라도 10년 동안 읽지 않았다면 우리 뇌는 그만큼 읽는 능력이 감퇴하여 굳어 있겠지요. 그러나 우리 뇌는 가소성이 있어서 다시 읽으면 굳어진 뇌가 풀어지고 느슨했던 연결선이 촘촘해집니다.

파울로 프레이리라는 작가는 일상에서 글을 읽을 때 특히 '정신의 관료화'를 경계해야 한다고 말했는데요. '정신의 관료화'란 행정기관 공무원들이 업무에 지나치게 익숙해진 나머지, 마치 모든 일이 원래 그렇게 되기로 했던 것인 양 타성에 젖어 서류를 처리하는 것과 비슷한 경직된 마음 상태를 말합니다. 즉 눈앞에 보이는 것을 기계적으로 처리하는 것이지요. 10년 동안 읽지 않았다는 것은 이런 '정신의 관료화'를 낳습니다. 오랫동안 뇌가 굳어 있는 것이지요. 뇌가 유연하지 않으면 그저 글자를 읽기에 바쁘고, 읽어도 이해가 되지 않고, 기억에 남지도 않지요. 책의 주제와 핵심을 파악하기도 힘들뿐 더러 더욱 적극적으로 비판적으로 책을 읽기도 힘듭니다.

10년 동안 도대체 어떤 일이 일어난 것일까요? 그 시기에 육아하느라 바빴을 것입니다. 어떤 이들은 일터에서 삶을 유지하느라 자신을 돌볼 여유를 조금도 갖지 못했을 것입니다. 강의 현장에서 조사해 본 결과, 여성의 독서여정이 30대에서 40대 초까지 읽기가 멈춰 있는 경우가 많았습니다. 이는 단순히 개인의 문제만은 아니겠죠. 독박 육아를 할 수밖에 없는 가정적 사회적 환경, 가정생활뿐 아니라 자신을 돌볼 여유마저 앗아간 성과 위주의 빡빡한 일터의 삶, 이러한 사회 구조와 문화는 독서할 여유와 에너지를 빼앗아 갑니다.

우리나라 독서역사

우리나라는 역사적으로 독서 강국이었습니다. 고구려에서는 태학이라는 고등교육기관을 두어 사서오경을 연구하고 책을 강독하게 했습니다. 신라 시대에는 관리를 등용할 때 그 사람의 독서 범위와 수준을 헤아려 인재를 세우는 독서삼품과를 설치하고 독서를 장려했습니다. 고려 시대에는 이미 우수한 종이를 만들어 구텐베르크보다 먼저 세계 최초로 금속활자를 만들었습니다. 인쇄술의 발달로 직지와 자치통감 등 많은 책을 간행하였습니다. 성종 때는 학교와 도서관을 겸한 기관을 창설하여 역사책을 기록하고 소장하여 열람하도록 했습니다. 조선 시대에는 여러 임금이 학문을 장려하였고 궁안의 모든 일은 일일이 글로 남겨 500년의 실록을 만들었습니다. 중국으로부터 많은 서적이 수입되고, 국가적인 도서 편찬 사업이 활발히 추진되어 많은 책이 출간됐습니다. 또한 집현전, 규장각 같은 일종의 도서관 시설이 설치되어, 수많은 문헌을 수집, 정리, 보관하였습니다. 민간에서도 수많은 문집이 발행되고 퍼져나갔습니다. 이처럼 우리는 역사적으로 독서 강국이었고, 이를 바탕으로 찬란한 문화를 꽃피웠습니다.

하지만 근대화로 가는 과정에서 안타깝게도 우리 독서 문화는 점차 사라져버렸습니다. 수천 년간 우리를 지탱해 온 독서 문화가 사라진 것입니다. 수많은 외세의 침략 속에서도 한반도의 작은 나라가 살아남을 수 있었던 것은 이 지식의 힘이 아닐까도 생각해 봅니다.

그러나 일제강점기 이후 교육은 공장이 찍어내는 제품처럼 그저 사회에 필요한 노동자를 생산해 내는 것에 급급했습니다.

학부모들이 가끔 저에게 질문합니다. "독서하면 공부도 잘하게 되나요?" 물론 제 경험으로 보았을 때, 뇌과학적으로 보았을 때도 길게 보면 잘할 수밖에 없습니다. 그러나 독서는 공부보다도 더 상위 개념입니다. 지금의 학교 공부가 단순히 단편적 지식을 습득하는 것이라면 독서는 더 큰 질문을 우리에게 던져 줍니다. 당연시 여겼던 것도 한 번 더 묻게 합니다. 질문을 통해 과거와 현재를 새롭게 볼 수 있는 눈이 생깁니다. 과거에는 당연했고 좋았던 것이 현재와 미래는 당연하지도 좋지도 않을 수 있음을 깨닫게 됩니다. 여기서 혁신이 일어납니다.

감사하게도 밀레니얼 세대가 추구하는 다양한 삶의 방식은 정답이라고 생각했던 것이 정답이 아닐 수 있음을 보여줍니다. 자기 삶에 질문을 던진 것입니다. 그동안의 사회가 요구했던 답이 정답이 아닐 수 있음을 깨닫게 된 것입니다. 우리는 독서를 통해 다양한 사고와 삶의 방식을 접하며 자극받고 도전받을 수 있습니다. 우리는 과거의 독서 문화를 회복해야 합니다. 가까운 거리에 작은 도서관들이 있고, 누구나 쉽게 드나들 수 있어야 합니다. 곳곳에 작은 도서관을 둔 한 나라는 사람들이 많이 드나드는 쇼핑몰 안에도 책 읽는 공간을 마련하더라구요. 어린이들은 책을 놀이삼아 놀 수 있어야 하며, 어른들은 책을 도구로 자신의 이야기를 풀어낼 수 있어야 합니다. 그 공간에서 치유와 변화, 성장의 꽃이 피어나게 됩니다.

북클럽 리더는 독서운동가

이렇게 독서 실태를 알아야 하는 이유는 무엇일까요? 북클럽 리더는 독서 운동가이기 때문입니다. 모두가 하는 거면 굳이 운동이란 표현까지 쓸 필요가 없습니다 저는 몇 년 전부터 SNS에 간단한 책 리뷰를 남기고 있는데요. 제 주위는 다독가들이 매우 많습니다. 그래서 가끔 착각할 때가 있습니다. 독서율이 저조하다는 통계들을 볼 때마다 사실 잘 와 닿지 않습니다. 독서에서도 부익부 빈익빈 현상이 나타나는 것이지요. 읽는 사람은 더 읽지만 읽지 않는 사람은 계속 읽지 않는 것입니다.

독서인구는 우리나라 전체 비율로 보면 매우 소수입니다. 모든 것이 잘 되고 있다면 굳이 운동이라는 단어를 붙일 필요가 없습니다. 이런 독서 실태는 우리를 자극합니다. 북클럽을 운영하는 리더가 되었다는 것은 작은 모임을 하나 맡은 것이지만 사실 굉장한 운동을 하는 것입니다. 이런 실태를 알고 독서운동가의 마음으로 북클럽 리더를 시작하셨으면 합니다.

최근 초등 아이들과 토론 모임을 하나 시작했는데요. 처음으로 함께 읽은 책이 『비밀 유언장』입니다. 이 책은 한 할머니의 유언장 이야기로 시작하는데요. 할머니와 딸은 사이가 좋지 않아 왕래가 거의 없었는데 할머니가 어느 날 아프기 시작하면서 딸과 손자가 찾아옵니다. 할머니는 부자였는데 자신의 유언장이 자기 집에 있다고 말합니다. 어쩔 수 없이 유언장을 찾기 위해서 모자는 할머니가 살았던 집으로 갑니다. 그 집은 숲속 작은 도서관이 되어 있었어요. 그곳에서 모자는 그동안 할머니가 만나 왔던 다양한 사람을 만나게 됩니다.

꼬맹이들, 친구를 때린 가해자 초등학생, 왕따 여학생, 철학에 빠진 중학생, 철학적 가사를 쓰고 싶은 랩을 좋아하는 여학생, IT 회사 사장, 전직 의사 치매 할아버지, 싱크대 고치는 아저씨 등 여러 인물이 등장해요. 그들은 할머니가 만들어 놓은 이 도서관에서 책을 통해 조금씩 변해갑니다. 자신에 대해서 자신이 처한 상황에 대해서 해석이 안 되는 다양한 인물들, 즉 실질 문맹인인 그들은 할머니가 만들어 놓은 책 울타리 안에서 서서히 자신과 상황에 대해 해석을 해 가는 즉, 문해력을 가진 인물들로 성장해 갑니다. 특히 싱크대 고치는 아저씨와 아이티 사장이 함께 달밤 아래에서 토론하는 장면이 나옵니다. 저는 이 장면이 너무 아름답게 느껴졌어요. 달밤에 두 아저씨의 책 토론이라니요. 독서에는 계급이 없지요. 함께 나와 세상을 문해해 가는 여정, 바로 북클럽 리더들이 만들어갈 세상입니다.

03 디지털 시대에도 계속 읽어야 할까요?

“지금까지 책을 읽지 않아도 잘 살아왔습니다, 영상을 통해서도 책을 읽을 수 있고, 정보를 얻을 수 있는데 꼭 읽어야 할까요?”라는 질문을 던질 수 있습니다.

네, 이제는 유튜브로도 수많은 책 관련 정보를 얻을 수 있고요. 블로그와 인스타그램과 같은 SNS 플랫폼에서도 짧은 정보를 수시로 얻어, 책을 간접적으로 읽을 수 있습니다. 그런데도 왜 책을 읽어야 할까요? 성인이 책을 읽지 않는 것은 우리 사회에 어떤 결과를 가져올까요?

이제 공부가 평생 직업이 되어야 한다고 말합니다. 그만큼 사회는 급변하고 있고, 그 변화를 따라잡기 위해서라도 가장 가성비가 좋은 것에 독서만 한 게 없습니다. 그래서 최고의 부자 중 독서광들은 다른 것은 다 외주를 주어도, 독서만큼은 시간을 들여 혼자 한다고 하지요. 그 시간에 컨설팅 한 번 하면 수백 수천을 벌 수 있음에도 말이에요.

기계가 인간을 대체하고 있다

'켄쇼'라는 인공지능을 들어보셨나요? 월 스트리트에서 일어난 사건인데요. 대니얼 내들러라는 청년이 켄쇼 테크놀라지라는 인공지능 스타트업을 만들었습니다. 이 회사는 인간보다 우수한 인공지능을 만들어서 인간을 대체하겠다는 목표를 가지고 있었습니다. 신입사원 켄쇼는 먹지도 마시지도 쉬지도 않고, 퇴근도 하지 않았고 잠도 자지 않았고 휴가도 가지 않았습니다. 오직 일만 했지요. 고객에게 불친절하거나 동료와 사이가 나쁘거나 상사에게 불평하는 일도 없었고 '과연 이 일이 내 적성에 맞는가?' 라든가 '일이 먼저냐, 행복이 먼저냐?' 하는 식의 고민도 없었으며, 돈에 대한 욕심도 스트레스도 일절 없었습니다.

그 결과 켄쇼는 당시 월 스트리트에서 가장 많은 연봉을 받던 600명의 트레이더가 한 달 가까이 처리해야 하는 일을 고작 3시간 20분 만에 끝낼 수 있었습니다. 덕분에 586명의 트레이더는 회사에서 할 일이 없어졌습니다. 켄쇼의 등장으로 트레이더 598명이 해고가 됩니다. 단지 두 명이 남았는데요, 인공 지능의 업무를 보조할 인력이 필요했기 때문입니다. 한 마디로 남은 두 명은 인공지능의 지시를 받는 처지로 전락한 것이죠. 서양에서는 이미 많은 곳에서 인공지능이 인간을 대체하고 있습니다. 직장에서 인간을 내쫓고 있습니다. 우리도 식당과 가게에서 이미 기계가 계산하거나 서빙하는 모습을 종종 봅니다. 신기하지만 한편으로 씁쓸합니다.

1, 2, 3차 산업혁명의 특징은 그래도 새로운 일자리가 폭발적으로 늘어난 것입니다. 그러나 4차 산업혁명은 기존 산업 혁명들과 반대의 길을 가고 있습니다. 인공지능으로 대표되는 이 혁명은 기존 일자리를 폭발적으로 없애고 있고 월 스트리트의 사례에서 알 수 있듯이 좋은 학력을 무용지물로 만들고 있습니다. 우리 사회가 가장 좋은 직업으로 여기고 있는 의사, 약사, 변호사, 교사, 판검사가 사실은 인공지능에서 대체될 확률이 가장 높은 것이지요.

이지성 작가는 오랜 기간 해외 석학들과 우리나라 전문가들과 연구기관들이 발표한 자료들을 분석 종합해서 다음과 같은 결과를 내리는데요. 그는 전문직 대체가 눈에 띄기 시작하는 때는 대략 2025년이라고 말합니다.

- 2025년부터 2035년 사이 : 전문직의 10~30%가 인공지능에게 대체되어 실업자로 전락예측
- 2035년부터 : 전문직의 30~50%가 인공지능에게 대체
- 2045년부터는 전문직의 80~90%가 인공지능에게 대체

이에 덧붙여 서울대학교 공과대학 유기윤 교수팀은 더욱 충격적인 예측을 합니다. 2090년의 한국 사회는 인공 지능 로봇이 대부분의 직업을 대체한 결과 한국인의 99.997%가 프레카리아트(불안정한 노동계급)가 된다는 것이지요.

10년 뒤, 70년 뒤면 나와 상관없다고 말할 수 있을까요? 당장 나와 상관이 없더라도 우리 자녀 세대와는 직결합니다. 우리가 살아가야 할 남은 긴 생애와도 연관이 됩니다. 어떻게 해야 할까요? 길은 있습니다. 인공지능에서 대체되지 않는 나를 만드는 법을 알면 됩니다.

인공지능에게 지시를 내리는 사람 vs 지시를 받는 사람

『미래의 부』의 이지성 작가는 인류가 두 계급으로 나뉜다고 합니다. 인공지능에 지시를 내리는 계급과 인공지능에 지시받는 계급으로요.

리처드 왓슨은 앨빈 토플러, 대니얼 핑크와 함께 세계 3대 미래학자로 불리는 사람인데요. 그는 저서 『인공지능 시대가 두려운 사람들에게』에서 일등석보다 상위 등급인 특등석을 타고 다니는 사람들에 대한 흥미로운 이야기를 들려줍니다. 그에 따르면 공항에서 특등석 라운지를 이용하는 사람은 스마트폰이나 노트북을 붙잡고 일하느라 정신없는 비즈니스석이나 일등석 라운지의 사람과 달리, 조용히 독서하고 있거나 커다란 창밖을 보면서 사색에 잠겨 있다는 것입니다. 그러니까 비즈니스석, 일등석 이용자는 기계처럼 쉬지 않고 일을 하는 사람이고, 특등석 이용자는 인간답게 독서와 사색과 성찰을 하면서 쉬지 않고 자기 교육을 하는 사람이라는 것이지요.

우리의 일자리를 앗아간다고 마냥 인공지능을 두려워할 필요는 없습니다. 인간은 인공지능과 협업할 수밖에 없습니다. 그 과정에서 미래는 기계처럼 일하는 사람들은 앞으로 더 나은 기계인 인공지능에 대체될 것입니다. 그러나 인간 고유의 활동 독서, 사색, 성찰을 통해 자신을 새롭게 만들어가고 있는 사람은 인공지능에 대체되지 않을 것입니다. 아마도 인공지능과 지혜롭게 협업하고 그것에게 지시를 내리는 존재가 되겠죠. 일등석보다 높은 등급인 특등석을 이용할 정도의 사람이라면 국적이 어디든 상위 계급에 속할 것입니다. 그들은 지금 이 순간에도 '인공지능에 대체되지 않는 나'를 만드는 자기 교육을 쉬지 않고 하고 있는 거죠.

대한민국의 상위 계급도 다르지 않습니다. 그렇기에 지금도 한국의 교육열은 치열합니다. 부와 권력을 대물림하거나 자신의 사회적 위치를 바꾸는 것은 교육뿐이 없다고 생각하기 때문이지요. 이 교육의 중심에 독서는 매우 중요한 도구입니다.

인공지능시대 요구하는 생각하는 능력

이 시대는 생각하는 사람을 필요로 합니다. 책을 읽을 때 바로 이 사고하는 힘이 키워지지요. 소프트뱅크 대표이사 손정의는 "다른 사람이 이미 한 것이라도 그것을 크게 뛰어넘는 것을 해야 하는데, 컴퓨터보다 뛰어난 것은 새로운 것을 창조해내는 능력"이라고 말합니다. 사고하는 힘으로 기계와 차별화된 자신만의 능력을 발휘해야 하는 것이지요. 이제 정보는 널려 있습니다. 그것을 나만의 레시피로 편집하고 융합하고 창조하는 능력이 필요합니다. 이를 위해서 필요한 것이 사고력입니다. 생각은 함께할 때 더욱 자극되는데요. 특히 정답이 없는 가치 만들기는 함께할 때 더욱 빛을 발합니다.

그래서 기업에서는 협업과 융합이 가능한 인재를 원하고 있습니다. 교육 또한 토론과 체험 위주로 변하고 있습니다. 이러한 과정을 통해서 사고의 확장이 자연스럽게 이루어집니다. 이런 과정은 주입식으로는 절대 만들어지지 않습니다. 토론과 나눔의 현장 속에서 다양한 생각의 확장이 일어나면서 융합과 혁신적인 생각이 자라갑니다. 이러한 토론 현장을 이끌 수 있는 리더십이 필요한 것이지요.

혼자 하는 독서도 훌륭합니다. 다양한 분야의 독서를 통해 지식을 얻고 학문 간의 경계를 넘나들며 사고력을 키울 수 있습니다. 그러나 거기에만 머물러서는 안 됩니다. 혼독의 위험성에 대해서 뒤에 가서 한 번 더 설명하겠지만 혼독에서 토론을 거쳐 공감하고 소통하는 활동까지 나아가야 합니다. 이 과정에서 혼자 읽었을 때의 고정관념이 깨어지고 소통하고 공감하며 또 다른 생각을 받아들일 수 있는 열린 마음을 배울 수 있습니다. 하나의 정답이 아니라 여러 가지 정답이 있을 수 있음을 배울 수 있습니다. 협업과 소통의 과정인 토론은 이 모든 것을 길러줍니다.

기계에 대체될 수 없는 인간 고유의 능력이 바로 이 생각하는 힘입니다. 주도적으로 읽고 이해하고 사고하는 능력이 인간 고유의 경쟁력이며, 대체 불가능한 인재가 되는 중심에 있습니다. 이 훈련 매체가 독서입니다. 경쟁하듯 책 100권 읽었다는 것이 중요하지 않습니다. 책을 읽고 어떤 생각의 변화가 있었는지를 잘 표현할 수 있어야 합니다. 교사와 부모는 자녀가 다양한 책을 읽으므로 유연한 사고를 키우고, 토론을 통해 사고를 확대할 수 있도록 안내해줘야 합니다. 이를 통해서 우리는 인공지능 시대에 기계에 대체되지 않는 인간만이 가질 수 있는 경쟁력을 키울 수 있습니다.

디지털 리터러시 시대에도 필요한 읽기

이제는 텍스트뿐 아니라 미디어를 포함한 다양한 매체를 읽는 시대입니다. 미디어 리터러시는 영화뿐 아니라 드라마, 광고, 뉴스, 유튜브, 트위터, 페이스북에 이르기까지 다양한 매체를 수용하는 능력을 말하는데요. 이를 '멀티 리터러시'라고도 합니다.

미래 과학자들은 지금부터 자라나는 아이들은 기존 세대와 다른 뇌 구조를 가지게 될 것이라고 말합니다. 현대 사회에서 독서는 책뿐 아니라 다양한 매체를 통해 모든 정보를 읽는 것으로 바뀌고 있습니다. 프로그램 입력되듯 매체를 읽는 것으로 뇌 구조가 바뀌면 굳이 어렵게 공부할 필요가 없을지 모릅니다. 바로 영상을 통해 뇌로 입력될 것이니 말이죠. 부정적으로 바라본다면 아마 생각하는 힘은 점점 약해질 것입니다. 책읽기가 기계 힘으로 만들어진다면 기계와 인간은 무슨 차이가 있을까요?

이러한 디지털 시대에도 여전히 책 읽기가 효용이 있을까요? 『읽기의 미래』의 저자는 "책보다 참여도가 높은 미디어를 적극적으로 활용하는 사람일수록 아이러니하게도 독서를 통해 길러지는 이해, 분석, 비판, 추론 능력이 더 중요하다."고 말하는데요. 왜 그럴까요? 정보는 넘쳐납니다. 이제 정보의 양이 아니라 흩어져 있는 수많은 정보를 취사선택하고 그 정보를 가공하고 편집하는 능력이 미래에는 더욱더 중요합니다. 이를 위해서 읽기란 디지털 미디어의 단점을 보완하기 위한 방법이 아니라 미디어 리터러시를 길러주는 가장 좋은 방법이라는 것이지요. 독서를 통해 발달하는 텍스트 수용 능력과 미디어의 비판적 수용 능력은 대체로 비례합니다. 수많은 마케팅 홍수 속에서 나에게 필요한 것을 적절히 분별하고 선택할 수 있는 능력은 독서를 통해서 길러집니다.

04 읽기에 너무 늦지 않았나요?

OECD 조사에 따르면 우리나라 성인의 실질 문맹률은 세계 최고 수준입니다. OECD는 지난 2013년 세계 22개국에서 15만 명 이상을 방문 면접 조사해 이런 결과를 가져왔는데요. 특이한 것은 다른 나라들은 30~35세에 가장 높은 독해력을 나타낸 다음 서서히 떨어지는데 한국은 20대 초반에 정점을 찍은 뒤 연령이 증가할수록 급격히 감소하는 패턴을 보인다는 것입니다. OECD 연구 담당자는 '책을 읽지 않는 채로 나이가 들면 독해력이 크게 떨어진다.'라고 설명했습니다.

많은 어른이 토로합니다. '예전에는 책 좀 읽었는데 오랫동안 읽지 않았더니 책이 잘 안 읽혀요.', '읽어도 기억이 나지 않아요.'라고 말이죠. 어떤 이는 문해력 골든타임은 아직 뇌가 말랑말랑한 초등 시기라고 말합니다. 그런데도 희망을 말씀드리자면 독서는 후천적인 능력으로 계속해서 터득해 갈 수 있다는 사실입니다. 이를 '뇌 가소성'이라고도 하지요.

인간에겐 원래 책 읽는 뇌가 없었습니다. 현생 인류의 직계 조상인 호모 사피엔스는 4만 년 전쯤 살았는데요. 반면, 문자가 처음 발명된 시기는 기원전 3,300년쯤으로 보고 있습니다. 이 말은 인류에게 3만 5천여 년 동안은 문자가 없었다는 뜻입니다. 이는 곧 인간은 문자를 읽고 쓰는 능력을 타고나지 않았다는 뜻입니다. 10만 년이라는 시간을 하루라고 할 때, 책이라는 물질의 형태로 많은 사람이 리터러시의 혜택을 받기 시작한 기간은 고작 5~6분에 불과한 것이지요. 또한 인쇄술이 발달하여 책이라는 물건이 대중화된 것은 불과 500여 년뿐이 되지 않습니다. 이 말의 의미는 읽기 능력은 뒤늦게 사용하면서 발전했기에, 누구나 읽는다면 후천적으로 우리 뇌가 발달할 수 있다는 뜻입니다. 이것에 희망을 품으셨으면 좋겠습니다.

책을 읽고 그 의미를 해석하는 것은 결코 간단한 과정이 아닙니다. 우리가 눈으로 글자를 보는 그 순간, 뇌 속에서 수많은 일이 일어납니다. 복잡한 과정을 거쳐 눈으로 들어온 글을 뇌 속에서 의미를 부여하고 내용을 이해하여 분류하고 저장합니다. 이 과정은 뇌의 특정 한 부분에서 실행되는 것이 아니라 뇌의 전 부분을 써야 합니다. 글자를 이해하는 과정을 지속해서 반복하면 뇌의 여러 부분이 동시에 발달해 더 효율적인 경로로 정보를 처리하게 되는 것이지요. 인지력뿐 아니라 이해력, 말하기 능력까지 동시에 개발됩니다. 사고 또한 깊어집니다.

우리 뇌는 '읽기'라는 새로운 행위를 위해서 시냅스를 새롭게 연결합니다. 읽기를 배우기 시작하면 후두엽, 연합 영역, 측두엽, 두정엽, 전두엽, 편도체가 광범위하게 연결됩니다. 즉 읽기에 능숙해지고 더 많이 읽으면 시냅스는 폭발적으로 많은 양의 연결을 만들어내게 됩니다. 더 많이 읽으면 읽을수록 시냅스는 더 다양한 방향으로 더 굵고 촘촘하게, 더 멀리 뻗쳐 나가 연결을 만들어내게 되는 것이지요.

책을 많이 읽고 문해력을 기르면 단순히 아는 게 많아지는 차원이 아니라 아예 지능 자체가 올라간다는 의미입니다. 얇고 엉성하게 연결되어 있던 시냅스 연결이 문해력 증진과 함께 촘촘하고 굵게 바뀐 것이죠. 책을 읽으면서 뇌 속에서 복잡한 시냅스 연결을 만들어 낸 것입니다.

『책 읽는 뇌』의 저자 메리언 울프는 사람이 책을 읽을 때 대뇌 피질의 어느 부위가 활성화되는지 밝혀내는 실험을 오랫동안 진행했습니다. 그 결과 사람의 읽는 행위는 대뇌피질의 모든 부위를 활성화한다는 사실을 밝혔는데요. 책을 읽는다는 것은 뇌를 적극적으로 사용하기에 결국 사고가 발달하게 됩니다. 여기에서 사고는 단순히 일상에서의 일반적인 사고가 아닙니다. 전두엽을 주로 사용하는 논리적, 추상적, 비판적 사고 그리고 이 모든 것을 이용하는 종합적인 분석적 사고를 말합니다.

독서할 때 저자의 주장과 근거를 따라가며 독자의 논리적 사고가 발달하게 됩니다. 따라서 책을 읽는 것은 자연스럽게 논리적 사고를 하는 것이고 그 발달을 도와주는 것입니다. 반면에 독서하지 않으면 뇌의 신호처리 효율이 떨어져서 정보처리 속도가 늦어지게 됩니다. 책을 많이 읽은 사람이 말도 잘하게 되는데, 지식이 많아서가 아니라 뇌의 많은 부분을 동시에 사용하면서 텍스트를 해석하고 생각하고 표현하는 능력이 전반적으로 발달하기 때문입니다.

지능은 다분히 타고났다 할 수 있지만 지식은 그 후에 훈련된 것인데요. 사고력은 후천적인 능력에 가깝기에 충분히 향상할 수 있습니다. 책을 읽음으로써 사고력을 향상할 수 있습니다.

그러나 우리는 사고력과는 전혀 무관한 독서를 할 수 있습니다. 독서는 매우 수동적인 상태로도 이루어질 수 있습니다. 생각하지 않고 독서를 그저 소비만 할 수 있어요. 매일 같은 아령만 든다면 근육이 성장하지 않는 것처럼 자신의 수준에 맞는 책만 읽기에 그럴 수 있습니다. 물론 책을 안 읽는 것보다 읽는 것이 훨씬 낫습니다.

반면 사고력 독서는 많은 에너지가 소비됩니다. 집중해서 능동적 독서를 할 때 빨리 배가 고파지는 것을 경험하게 되는데요. 에너지가 그만큼 많이 드는 것이지요. 자신의 수준보다 조금 높은 책을 읽음으로써 독서 의욕과 사고력을 키울 수 있고요. 질문하고 쓰고 토론하는 과정을 통해서 이 근육이 더욱 단단해집니다. 느리지만 저자의 의도를 파악하며 질문을 던져보고, 토론으로 저자가 던진 문제제기에 다양한 생각을 덧붙여가는 과정을 통해 사고력이 자라갑니다. 단순히 수동적으로 책을 읽는 것이 아니라 뇌를 자극하는 질문과 대화를 많이 나눌수록 더욱 좋습니다.

읽기가 지능을 바꾼 사례

읽기가 지능을 바꾸는 사례는 많습니다. 평등하고 체벌 없는 교육을 실천한 아동 교육의 창시자 페스탈로치가 평범한 한 아버지의 교육법에 감명받아 그 비법을 책으로 써달라고 부탁했습니다. 페스탈로치의 부탁을 받아 책을 쓴 사람은 바로 칼 비테 목사입니다. 칼 비테가 쓴 책 『칼 비테의 자녀교육법』은 우리나라에도 잘 알려졌지요. 그의 아들 요한 하인리히 프리드리히 칼 비테는 6개 국어에 능통하며, 12세에 박사 학위를 딴 세계에서 가장 어린 박사 학위 소지자라고 합니다.

여기까지만 들으면 태어날 때부터 IQ가 높은 천재가 아닌가 싶지만, 사실은 정반대였다고 합니다. 아들 칼 비테는 천재는커녕 발달장애를 겪으며 저지능 판정을 받았던 아이였습니다. 어떻게 저지능 판정을 받았던 아이가 12세에 철학 박사 학위를 받을 수 있었을까요?

『쿠슐라와 그림책 이야기』라는 책으로 널리 알려진 쿠슐라의 이야기도 있습니다. 그녀는 태어날 때부터 염색체 손상에 내장에도 심한 장애가 있어 네 살 때 지적 장애 및 신체장애 판정을 받았습니다. 쿠슐라의 부모는 포기하지 않았습니다. 쿠슐라는 여섯 살 때 평균 이상의 지능을 갖춘 것으로 판명되었습니다. 저지능, 지적장애, 다운증후군의 아이를 평범 이상의 삶으로 바꾼 비밀은 무엇일까요?

바로 '읽기'입니다. 부모는 아이에게 계속해서 책을 읽어주었습니다. 쿠슐라의 부모는 하루에 14권, 칼 비테 역시 항상 책을 읽어주었다고 합니다.

늦은 나이란 없다

비록 어느 특정 시기에 책을 읽지 못하여 문해력이 떨어졌다고 할지라도 다시 읽기를 시작한다면 성인들도 다시 시냅스가 연결되고 문해력 또한 향상될 수 있습니다. 뇌 과학 연구가 그것을 말하고 있습니다. 더군다나 성인에게는 경험이라는 자산이 있습니다. 그것은 배경지식이 되어 읽는 내용을 통합하고 응용하고 자기 삶에 조합하는 능력으로 나타납니다. 한 번은 중학생인 제 아들을 동기 부여하기 위해서 자기계발서를 한번 읽혀 보았어요. 그랬더니 무슨 말인지 잘 와 닿지 않는다고 하더군요. 아들에게는 아직 성공과 실패의 경험들이 쌓이지 않았기에 자기 계발서 내용들이 딱히 와 닿지 않았던 거예요.

우리는 제대로 읽고 쓰는 법을 배우지 못했습니다. 매우 아쉬운 일입니다. 읽고 쓰는 능력은 타고난 재주가 아니라 후천적으로 길러지는 역량입니다. 일상을 살아가면서 접하는 다양한 자극, 경험, 연습을 통해서 전반적인 뇌의 기능을 잘 읽고 쓸 수 있게 활성화해야 합니다. 읽기와 쓰기는 단번에 습득할 수 없는 평생 배워야 하는 능력입니다. 다양한 상황에서 여러 가지 텍스트를 읽고 생각하고 소통하고 일해야 할 요구가 발생하는 한 우리는 끊임없이 읽고 쓰는 힘을 갈고 닦아야 합니다. 읽고 쓰는 일은 어느 한순간에 통달하는 능력이 아니라 늘 새로운 상황에서의 능동적인 적용과 성찰을 통해서 성장하는 고귀한 인간 능력입니다.

너무 늦은 나이란 없습니다. 우리의 뇌는 멈추지 않고 끊임없이 계속 성장합니다. 그러나 사용하지 않으면 소멸합니다. 운동을 하면 없던 근육도 생기듯이 수많은 경험이라는 자산이 있는 어른도 다시 읽기를 시작한다면 조금씩 읽는 근육이 붙을 것입니다. 책 읽기는 뇌 가소성을 가장 잘 활용하는 방법입니다. 독서를 통해서 느슨하고 무의미하게 흩어져있던 뇌의 각 기관이 할 일을 찾고, 시냅스가 다시 촘촘하게 연결될 것입니다.

05 어른의 읽기는 어떠해야 할까?

독서는 이제 선택이 아니라 생존의 문제입니다. 평생 공부 시대입니다. 100세 시대에 우리는 직업을 네다섯 개 이상 바꾸며 살아갑니다. 이런 시대에 학교 교육은 이런 빠른 흐름을 쫓아가기에는 너무 느릴 수도 있지요. 빠르게 읽고 잘 읽는 사람이 더 많은 정보를 효율적으로 터득하고 이해하고 자신의 것으로 만듭니다. 저 또한 퇴직 후 대학원을 또다시 가야 하나 잠깐 고민했습니다. 그런데 3~4년의 세월과 적지 않은 돈을 투자하기에는 아까웠어요. 그보다는 책을 읽고 공부함으로 내 전문 분야를 지속해서 만들어가야겠다는 생각이 들었습니다.

요즘에는 누구나 쉽게 다른 사람의 경험을 쉽게 얻을 수 있습니다. 유튜브, 여러 사이트의 강의들, 책 등이 이에 속하지요. 돈을 주고 이런 강의를 듣는 것은 강사가 몇 년간 쌓은 노하우를 단기간에 배우는 방법입니다. 혼자 한다면 몇 년이 걸릴 수 있는 일, 몇 번의 실패를 경험해야 하는 일을 이런 강좌를 통해서 단기간에 배울 수 있습니다. 이런 강좌를 유용하게 사용하면 투자 대비 그 이상의 결과를 낳을 수 있습니다. 단, 이런 책과 강의을 값싸게 얻더라도 자기 삶 속에 자기만의 색깔로 적용하고 응용할 수 있는 능력이 없다면 이 또한 소용이 없겠지요.

이 중에서 책은 단돈 1만 원에서 2만 원이면 살 수 있는 매우 가성비가 높은 도구입니다. 세계 석학들이 수십 년의 시간을 들여 완성한 결과물을 단돈 만 원에 살 수 있고 4~5시간 만에 배울 수 있다면 정말 횡재가 아닐까요. 좋은 책을 사고 읽는다는 것은 그 어떤 일보다 효율적으로 시간을 사용하는 방법입니다. 책은 영상이나 강의보다 좀 더 능동적으로 읽어야 한다는 어려움이 있지만 단편적인 지식이 아니라 잘 정리된 논리적인 결과물입니다. 수동적으로 듣고 보는 강의나 영상보다도 훨씬 더 능동성을 요구하기에 사고력과 문해력이 발달할 수밖에 없습니다.

어떤 사람들은 이렇게 바쁘고 정보가 넘쳐나는 시대와는 독서가 맞지 않는 일이라고 말합니다. 독서가 필요하지만, 정보를 얻기에는 너무 느린 길이라고 합니다. 그러나 과연 그럴까요? 저는 짧은 정보 조각이 아닌 어느 정도의 체계적인 형태로 정리된 책을 읽는 독서보다 더 효율적이고 빠른 길을 찾을 수 없다고 생각합니다. 최단 시간에 나를 성장시키고 삶에 대한 깊은 통찰력을 만들어 주는 최선의 방법으로 독서를 뛰어넘는 것은 없습니다.

기계가 침범할 수 없는 인간 고유의 능력

세계경제포럼에서 발표한 자료에서는 2022년 이후 인간의 가치가 떨어지는 능력과 올라가는 능력을 다음과 같이 분류하고 있습니다.

인간의 가치가 떨어진 영역	인간의 가치가 올라가는 능력
1. 손재주, 지구력과 정확성 2. 기억력, 언어능력, 청력, 공간지각력 3. 재무, 자원관리 4. 기술설치와 유지보수 5. 단순 읽기, 수동적 쓰기, 수학 계산, 능동적 청취 6.인사관리 7. 품질, 안전 관리 8. 조정, 시간 관리 9. 시각, 청각, 연설 능력 10. 기술 이용, 모니터링, 조종	1. 분석적 사고와 혁신 2. 능동적 학습과 학습 전략 3. 창의성, 독창성, 추진력 4. 기술 디자인과 프로그래밍 5. 비판적 사고와 분석 6. 복잡문제 해결능력 7. 리더십과 사회적 영향력 8. 감정지능 9. 추론, 문제 해결과 추상화 10. 시스템 분석과 평가

정리해보면 인간의 가치가 떨어지는 능력이 기능적, 기술적, 수동적이라면 인간의 가치가 올라가는 능력은 사고력, 능동적 창의적임을 알 수 있습니다. 인간의 가치가 올라가는 능력을 종합해 보면 능동적으로 읽고 이해하고 사고하는 능력이 기반입니다. 이는 기계가 침범할 수 없는 인간 고유의 역할이지요.

전체의 흐름을 읽고, 그중에서도 본질과 핵심을 파악해서 현실에 응용할 수 있는 새로운 사고를 하는 사람을 사회는 필요로 합니다.

이러한 훈련에 가장 좋은 방법은 독서이지요. 독서는 긴 흐름의 글을 읽으며 전체를 파악하고, 그 안에서 저자의 의도와 핵심을 파악해 가는 과정입니다. 질문을 던지는 과정에서 본질을 볼 수 있는 통찰력이 생기고 나와 우리 사회에서 응용할 수 있는 답이 구해집니다. 이렇게 독서한다면 단순히 저자의 생각을 파악하고 정보를 얻는 것에 그치는 것이 아니라 그것을 자신의 현실에 응용하여 변화를 만들어내는 창조와 혁신 또한 가져오게 되겠지요.

이렇게 읽어보세요

과거에 기업에 필요한 인재는 I자형이었다고 합니다. I자형 인재란 한 분야에 깊이 있는 지식을 갖춘 인재입니다. 그리고 T자형 인재가 있습니다. T자형 인재에서 가로는 넓은 영역에 걸쳐 다양한 지식을 가지고 있는 사람, 세로는 하나의 영역에 전문성 갖춘 인재를 말합니다. M자형 인재도 있는데요. 이는 여러 분야에서 전문성을 가진 인재입니다. 앞으로는 M자형 인재를 사회에서 요구하고 있습니다.

이를 위해서는 문해력을 키워야 하고, 그저 표면적으로 글자만 읽지 않고 더욱 능동적으로 읽고 비판적으로 사고하는 창의력이 필요합니다. 한 분야에서만이 아니라 다양한 분야의 장르를 넘나들 수 있는 유연한 사고가 필요합니다. 이것만이 인공지능과 차별화되는 인간만의 능력일 것입니다. 이를 기르기 위해서는 먼저 자신의 분야만이 아닌 다양한 장르의 독서를 해야 합니다. 자신의 분야가 아니더라도 다른 영역의 지식을 자신의 분야에 접목하고 융합하고 편집해야 합니다. 여기서 차별화와 혁신이 일어납니다. 인지심리학자 김경일 교수는 미래 사회의 핵심 인재 조건 중 하나가 '개방성'이라고 해요. 외향성인지 내향성인지는 중요하지 않다고 해요. 자기와 다른 분야의 사람에게 열려 있고 배울 수 있는 자세가 매우 중요하다는 것이지요. 독서도 편독을 극복하고, 자기 분야만이 아닌 다양한 장르의 책을 읽어가야 합니다.

또한 목적을 가진 독서를 해야 합니다. 이는 전문가 독서, 전략적 독서라고도 합니다. 다양한 분야의 독서를 해야 하고, 과거처럼 한 우물만 파서는 안 됩니다. 다양한 분야를 탐색하다가 현재의 자기 분야가 아니더라도 관심 있는 영역이 생기면 그때는 다시 깊이 들어가야 합니다. 그 분야를 정복하리라는 마음을 가지고 목적을 가진 독서를 해야 합니다.

마지막으로 시간과 공간 설정입니다. 이미 독서가 습관이 되어서 매일 읽는 사람은 상관없지만, 아직 습관이 되지 않은 분도 많으실 것입니다. 우선 하루에 30분이라도 시간을 설정합니다. 많은 시간을 읽는다고 해서 집중하거나 많은 양을 소화할 수 있는 것은 아닙니다. 오히려 '매일 30분은 꼭 독서를 해야지.'라는 목표를 설정하면 그 시간에 굉장히 몰입하여 읽을 수 있습니다. 30분을 우습게보면 안 됩니다. 매일 30분 읽으면 한주에 한 권은 거뜬히 읽을 수 있습니다. 꾸준한 읽기는 뇌를 유연하게 만들고 알츠하이머 병도 극복할 수 있다는 연구 결과도 있다네요.

공간적인 환경 설정도 중요합니다. 이는 장소일 수도 있구요. 아무도 방해 받지 않는 새벽 시간대 일 수도 있겠네요. 북클럽이라는 시간과 공간도 함께 읽을 수밖에 없는 강력한 환경 설정이 됩니다. 저는 새벽에 몇몇 사람들과 함께 '새벽 몰입 독서 30분'을 실천하고 있는데요. 이렇게 책을 읽을 수 있는 시스템이 있으면 어느 순간 매주 한 권도 가볍게 읽어낼 수 있습니다.

글쓰기 미션

돈이 있는 곳에 마음이 있듯이 시간 사용을 보면 자신의 주요 관심사를 알 수 있습니다. 10대, 20대, 30대, 40대, 50대, 그리고 현재 나의 독서 활동은 어떠하나요? 자기의 독서 생애주기를 적어보세요.

긍정확언

나는 북클럽 리더(or 멤버)로서 평생 읽는 사람이 될 것이다.

02 / 왜 북클럽인가?

01 혼독이 아닌 함께 읽기로

어떤 사람이 죽은 후 그의 서재를 누군가가 발견합니다. 그 서재에서 발견된 책이 1만 6,000여 권, 군사 분야가 7,000여 권, 건축, 연극, 그림 조각 등 예술적 주제 분야가 1,500여 권, 가톨릭교회에 관련된 것이 400여 권, 단순한 대중 소설이 800~1,000여 권이었다고 합니다. 누구일까요? 히틀러입니다.

히틀러는 정식교육을 받지 않았다고 해요. 책이 스승이었던 거죠. 히틀러의 독서는 다독이었지만 혼독이었습니다. 어쩌면 책만이 그의 친구였고, 공감하며 소통하는 친구가 없었을지도 모릅니다. 그는 남의 말을 듣지 않는 것으로 악명 높았고 거침없는 말과 끊임없는 독백을 했다고 해요. 책은 많이 읽었지만, 사람과의 관계는 무시했던 거죠. 오랜 시간 고립된 독서를 통해 자신만의 신념을 쌓아갔지만, 독서가 다른 이들을 해치는 무기로 작용했습니다. 물론 히틀러의 경우를 모두 일반화할 수는 없겠지만, 한 번쯤 생각해 보아야 할 문제입니다.

수년 전 한 여성 리더십의 역사에 대한 강의를 들으러 간 적이 있었는데요. 역사에 대해 질문하면 조금 어려워하잖아요. 강사님이 질문하면 아무도 대답하는 사람이 없었어요. 정적이 조금 흐른 후, 어떤 한 남자가 강사의 모든 질문에 척척 대답하는 거예요. 그런데 그 대답이 혼자 독백하는 느낌이었습니다. 뭔가 대답은 잘하는데 혼자 주절대는 거죠. 자폐가 있는 건 분명히 아닌데도, 혼자만의 세계에 있는 분 같았어요.

어떤 어머니는 아이가 책을 2,000권 읽었다고 자랑했어요. 어느 날 보니 친구와 상호작용을 잘 못 하는 거예요. 그래서 병원에 데리고 갔더니 '초독서증'이라는 진단을 받았다고 해요. 아이의 뇌가 자라기 전에 많은 책을 읽고 똑똑해졌지만, 그 나이에 더 경험하며 얻어가야 할 감성과 소통 부분은 결핍이 된 것이지요. 사람과 소통할 줄 모르는 사람이 어떻게 제대로 된 삶을 살겠습니까?

책을 혼자서만 많이 읽는 사람은 폐쇄적인 경우가 많습니다. 단순히 성향을 말하는 것이 아니고요. 읽고 홀로 수많은 시간을 생각하여 결정한 가치이므로 잘 바꾸려고 들지 않는 거죠. 타인의 이야기를 들으려고 하기보다 설득하고 가르치려고만 합니다. 그가 혼자 쌓아 올린 고귀한 생각은 어느 순간 아집과 편견이 되어 버립니다. 이런 사람은 소통과 협업의 시대에서 결코 함께하기 힘듭니다.

우리는 많은 시간 혼자 읽을 수밖에 없습니다. 그러나 가끔은 자기 세계에서 나와 다른 사람의 이야기도 들어보고, 내 생각의 지점이 어디쯤 있는지도 알아보고, 자신의 틀을 깨보는 것이 필요합니다. 함께 읽는 공간은 자신의 고정관념을 깨뜨립니다. 자기 생각만이 옳다고 여겼던 숨겨진 아집을 드러내 줍니다. '와 내가 이런 생각을 했어?'라며 혼자 자축하고 있을 때, 자기보다 더 나은 기발한 생각을 하는 사람을 북클럽에서 만날 수도 있습니다. 오랜 시간 말이 별로 없고 조용한 어떤 한 분의 입에서 놀라운 이야기가 흘러나올 수도 있습니다. 다양한 생각을 교류하는 중에 미처 알지 못했던 생각의 모순을 발견하고 겸손해집니다.

그뿐만 아니라 우리의 정서도 치유됩니다. 책을 읽고 나누다가 나도 모르게 울컥합니다. 혼자 읽을 때 좋긴 했지만, 그때는 그저 내 안 어딘가에 숨겨져 있었는데, 그것을 나의 이야기로 풀어내다가 억눌려진 아픔이 건드려지는 것이지요. 제가 운영했던 한 북클럽 모임에 늘 밝은 분이 있었습니다. 그 분의 살아온 궤적들을 어느 정도 알고 있었는데요. 어느 날 책에 관해 나누시다가 울컥하시더라구요. 물론 그 이야기를 여러 번 아무렇지 않게 늘 말씀하셨기에 다 해결이 된 줄 알았습니다. 그런데 책의 어느 지점이 맞닿아져서 다시 건드려진 것이지요. 그렇게 북클럽 공간은 책을 통해 우리 안의 깊숙한 것들이 다시 만져짐으로 치유와 회복을 가져옵니다. 그뿐만 아니라 사람과 사람이 교감하는 자리, 서로가 서로에게 영향을 주는 자리가 됩니다.

책은 소통이며 대화의 도구입니다. 작가와의 대화입니다. 다른 이들과의 대화입니다. '나'라는 사람을 통해 걸러져 공적인 공간에서 말과 글로 표현하는 공간이 북클럽입니다. 사회와의 대화로도 확장됩니다. 책 읽기는 애초에 함께하는 공동작업입니다.

함께 읽어야 사고력이 확장됩니다

『책을 읽는 사람만이 손에 넣는 것』의 저자 후지하라 가즈히로는 "21세기에는 책을 읽는 사람과 읽지 않는 사람으로 양분되는 계층사회가 생길 것"이라고 말했습니다. 저는 이 말이 "21세기에는 생각하는 사람과 생각하지 않는 사람으로 양분될 것"이라는 뜻으로 읽힙니다.

정보는 어디든 널려 있습니다. 암기하는 교육은 끝났습니다. 강의 시대도 사실 끝났습니다. 모든 좋은 강의들은 오픈되어 있습니다. 유튜브에도 잘 찾아보면 고급 강의들이 많이 있습니다. 누구나 질 높은 정보에 접근할 수 있습니다. 이제 중요한 것은 그것을 가지고 요리해서 삶아 먹든 구워 먹든 자신만의 것으로 만들어내는 사람입니다.

이러한 상황에서 책은 어떤 역할을 할까요? 인공지능 시대에는 책이 가졌던 권력이 데이터로 이양되고 있습니다. 전통적인 권력 유지 수단으로써 책은 서서히 자격을 상실하고 있습니다. 그런데도 왜 계속 책을 읽어야 할까요? 어떤 분은 "책을 읽고 기억이 나지 않아요."라고 말합니다. 잘 기억하면 좋겠지요. 어느 정도 배경지식을 쌓아가는 것은 그다음 책을 읽어가는 데 매우 도움이 됩니다. 그러나 모든 것을 기억할 필요가 있을까요? 그럴 필요가 없습니다. 어차피 다 기억도 못합니다. 저는 필요한 핵심은 남기고 나머지는 망각에 내버려 둡니다. 그런데 돌아보니 다 기억하지 못하지만 남는 것은 읽고 베끼고 다시 쓰는 과정을 통해 얻은 '사고력'이더라고요. 책을 읽지 않았던 과거보다 더 빠르게 사고가 돌아가면서 필요한 것을 얻어내고 응용할 수 있는 힘 말이죠.

사고하는 힘은 빠르게 만들어지지 않습니다. 독서한다고 당장 이익이 나오지 않습니다. 시간 대비 효율이 적다고 생각할 수도 있습니다. 그러나 책을 읽는 것은 사고하는 삶으로 나아가게 합니다. 책을 읽으면 내 존재 이유, 존재 가치를 생각하게 되고 사회와 자연을 바라보게 됩니다. 자연스레 나를 성찰하게 됩니다. 내 사고만이 옳다고 여기는 것에서 나와 다른 타인의 사고도 수용하게 되면서 사고는 확장됩니다.

사고를 확장하려면 관계 속에서 함께 하는 법을 배워야 합니다. 독서토론으로 함께 하지 않는다면 히틀러와 별반 다르지 않습니다. 독서가 독이 되어 버릴 수 있습니다. 함께 읽어야 사고가 확장되고 유연해집니다. 혼자 읽기도 중요하지만 한계가 있습니다. 함께 읽는 공간이 필요합니다. 함께 읽고 토론함으로 사고력은 더욱 자극되고, 내 생각의 지점들을 확인하며 융합할 수 있는 힘을 기르게 됩니다. 내가 보지 못한 뒷면까지 볼 수 있도록 도움 받는 첫 시작이 바로 독서모임입니다.

삶의 변화를 위해서 실천을 위한 독서를 추구하는 분도 계시고, 일독일행을 주장하는 분도 계시고요. 저도 대학생들과 함께 할 때, 적용을 강조했어요. 실천, 중요합니다. 이는 책을 읽는 목적이기도 하고, 실제 몸을 움직이고 행동하면 그것이 감정을 움직이기도 하고 실제 제 삶을 바꿔가니깐요. 그러나 그저 맹목적인 적용과 실천 또한 오래가지 못합니다. 책과 저자를 우상화하면 안 된다고 생각해요. 그 또한 비판적으로 바라볼 수 있어야 합니다. 책을 하나의 도구로 여기고 그것으로 자극받아 자기 삶에 어떻게 녹여야 할지를 치열하게 고민해야 합니다. 북클럽은 이 과정을 더욱 도와줍니다. 그 과정에서의 느리지만 숙성된 사고의 힘은 당장 오늘이 아니더라도 행동할 수 있는 큰 기반을 마련할 것입니다.

따로 또 같이

우리에게 주어진 한정된 시간 때문에 우리는 북클럽만 할 수는 없어요. 제 동생은 서울에서 한 대형병원에서 근무하는데요. 아이도 아직 어리고, 엄청 바쁩니다. 그런데 언젠가 물어보니 바쁜 와중에도 책 욕심이 있어서 북클럽을 두 개나 하고 있더라고요. 몇 달 후 다시 물어보니 도저히 안 되겠다 싶어 하나만 하기로 했대요. 시간과 공간적 한계 때문에 북클럽만 찾아다닐 수는 없습니다. 아마 책을 읽는 대부분의 시간은 혼자일 것입니다. 그러나 혼자도 읽되, 혼자만 읽으면 안 됩니다. 혼자만 읽으면 독이 될 수 있습니다.

혼자 읽으면 읽고 싶은 것만 읽습니다. 자기계발서만 계속 읽는다면 어떨까요? 개인과 사회를 보는 좀 더 따뜻한 시선을 갖기보다, 오로지 자신의 성공에만 집중하지 않을까요? 모든 자기계발서가 그렇다는 말은 아닙니다. 자기계발서와 또 다른 인문학적 서적을 함께 읽어갈 때 그 성공이 더 건강한 방식으로 작동하게 될 것입니다.

혼독할 때 읽고 싶은 것만 읽고, 보고 싶은 것만 봅니다. 듣기보다 자신이 말하고 싶은 것만 합니다. 히틀러와 비슷합니다. 어떤 사람은 책을 여러 권 읽어도 하는 말이 비슷합니다. 아는 것이 많아 보이지만 실상은 답답합니다. 사회 과학서를 보든 인문서를 보든 논어를 보고 오디세이를 보더라도 결론이 똑같습니다. 함께 읽을 때 다양한 해석을 공부할 수 있습니다.

독서는 '혼자가 아닌 함께 하는 행위'임을 잊지 마세요.

02 인공지능시대, 토론이 답이다

레오나르도 다빈치, 아인슈타인, 프로이트, 조지 소로스, 록펠러, 채플린, 스티븐 스필버그, 피카소, 마르크스, 세르게이 브린&래리 페이지(구글), 하워드 슐츠(스타벅스), 밀튼 허쉬(허쉬 초콜릿), 윌리엄 로젠버그(던킨 도너츠), 어바인 라빈스(베스킨라빈스).

이 사람들의 공통점은 무엇일까요? 모두 유대인입니다. 유대인들은 각 분야에서 대단한 활약을 하고 있습니다. 미국 기부금의 4%가 유대인에게서 나온다는 통계가 있고 전 세계 자산의 50%를 가지고 있다고도 해요.

유대인들이 유독 머리가 좋은 것일까요? 미국 뉴멕시코 대학교 연구팀의 184개국의 국민 평균 IQ를 조사한 연구 결과에 따르면 유대인의 평균 IQ는 95로 세계 26위의 평범한 지능지수를 가지고 있는 것으로 나타났습니다. 싱가포르가 108로 가장 높았고, 한국이 106으로 2위였어요. 중국과 일본이 각각 105로 그 뒤를 이었습니다. 그렇다면 평균적인 IQ를 가지고 있는 유대인들이 전 세계의 주요 분야에서 이렇게 대단한 활약을 하는 이유는 무엇일까요?

세상에서 가장 시끄러운 도서관

유대인이 각 분야에서 활발한 활약을 펼치는 이유 중 하나는 하브루타 독서법 때문입니다. 이는 짝을 지어 대화하고 토론하는 유대인의 전통적인 교육방식입니다. 이스라엘의 전통적인 학습기관인 예시바 도서관은 세상에서 가장 시끄럽기로 유명한데요. 모든 좌석은 두 사람 이상 마주 보고 앉도록 놓여 있습니다. 이곳에서 서로 마주 보고 앉아 토론합니다. 비어 있는 어느 자리에든 앉아서 모르는 사람과 주제를 정하고 대화합니다. 침묵을 강요당하는 우리 도서관과는 매우 다른 풍경이지요.

유네스코 조사에 따르면 유대인의 평균 독서량은 연 64권 정도라고 합니다. 매주 최소 1권 이상 읽는 셈이지요. 『공부하는 인간』의 저자 힐 마골린은 자녀들이 대학을 졸업한 지금까지도 친구와 함께 날마다 한 시간씩 『탈무드』를 공부한다고 해요. 그들은 토론을 통해 승자를 정하는 것이 아닌 더 넓고 깊게 사고하는 방법을 배우게 됩니다.

단순히 질문에 대한 정답을 얻는 데 집중하지 않는 것이죠. 대화와 토론을 통해 남과 다른 자신만의 해답을 찾아갑니다. 유대인은 탈무드 한 구절을 놓고도 끝없는 질문과 답을 반복하면서 다각도로 사고력을 키워갑니다.

하브루타는 둘이 짝을 지어 토론하는 것을 기본으로 하지만 혼자서 할 수도 있는데요. 책을 읽으며 저자의 생각과 주장을 정리한 후, 그 논리에 대한 자기 생각을 이야기합니다. 혼자라 하더라도 가능하면 소리를 내어 말한다고 해요. 우리도 말하면서 스스로 정리가 되는 경우가 많지요. 그들도 자신의 목소리를 귀로 들으며 표현력을 기르고 머릿속에 다시 한번 정리를 하는 거죠.

"아빠는 이렇게 생각하는데 네 생각은 어떠니?"

구글의 창업자인 래리 페이지는 "식사 시간마다 벌어지는 격렬한 토론 때문에 나는 끊임없이 읽고 생각하고 상상해야 했다."라고 말합니다. 토론이 일상에서 습관으로 자리 잡힌 아이들은 어느 공간에서든 자기 의견을 말하는데 거리낌이 없습니다. 우리나라 학생들이 외국에 나가면 한마디도 하지 못한다는 이야기는 많이 들었지요. 기성 세대가 한 가지 정답만 강요하고, 어린 사람의 과감한 자기표현을 예의 없다고 눈치 주는 것은 유교적인 문화를 가진 우리 사회에서 암묵적인 규칙이었습니다. 구글을 포함한 유대인의 혁신적인 아이디어는 어릴 적 격렬한 토론에서 나온 것임을 부인할 수 없습니다.

세상에 정답은 없다

하브루타는 즉각적으로 정답을 알려주는 것을 금기한다고 해요. 유대인은 어떤 문제에도 정답이란 없다고 생각하기 때문입니다. 다양한 관점과 시각을 갖는 것을 중요하게 생각하기 때문에 유대인 부모는 자녀가 스스로 생각하여 자신만의 답을 찾도록 도와줍니다. 아이가 궁금해하는 것에 대해 곧바로 대답해 주지 않고, 다양한 각도에서 생각해 볼 수 있도록 아이의 질문에 대해 질문으로 되묻기도 하는 것이죠. 객관적으로 인정된 것에 대해서도 즉, 당연하게 여기는 것까지도 뒤집어 보고 상식이라고 생각하는 것을 다른 측면에서 바라보도록 끊임없이 질문하며 토론합니다. 창의성과 혁신은 여기서 나오게 되는 것이죠.

『프로페셔널 스튜던트』를 쓴 김용섭은 새로운 시대의 평생교육을 위해서 토론과 글쓰기를 강조합니다. 18세기 이전에 소수의 귀족 계층은 이미 일대일 혹은 소수의 토론식 수업을 했습니다. 교양을 키우고 인성과 창의성을 키우기 위해 인문학과 예술을 공부했지요.

19세기 이후에는 전 국민의 의무 교육으로 소수의 토론이 아닌 강의실에서 이루어지는 일방적인 소통의 수업을 했습니다. 질문하고 생각하기보다는 지식을 전달하고 암기하는 데 집중한 것이지요. 산업 사회에 맞는 인재 양성을 위해서 지식 정보 습득에 중점을 두었던 것입니다. 우리가 주로 배운 방식은 19세기 이후의 교육 방식이었던 거죠.

그러나 20세기를 거쳐 21세기가 되었지만, 여전히 그 방식은 바뀌지 않고 있습니다. 교실 밖은 너무도 빨리 변하고 있는데, 할아버지와 부모와 자녀 세대가 똑같은 교실에서 공부하고 있는 거지요.

인공지능과 로봇, 자동화가 인간의 노동을 대신 하는 시대에 교육이 더 이상 노동자를 키우는 방식으로 가서는 안 됩니다. 기계는 인간이 할 수 있는 대부분의 일을 해 갈 것입니다. 이제 인간은 기계가 할 수 없는 일을 맡아야 합니다. 그것은 창의력이 필요한 일인데요. 공교육은 비슷한 교육을 모두가 똑같이 받는 것이 아니라, 한 사람 한 사람의 잠재력을 끌어낼 수 있는 개성적인 형태로 가야 합니다.

이를 위해서 토론식 교육은 질문력을 기르고 창의성을 개발하는 데 매우 효과적입니다. 김용섭 저자도 "암기나 단순 이해가 아니라 깊이 있는 사고와 창의력을 키우기에 토론만 한 게 없다."라고 말합니다. 또한 그는 "토론은 가장 오래된 교육법이면서 가장 강력한 교육법이기도 하다".라고 덧붙입니다.

제러미 리프킨이 쓴 『공감의 시대』라는 책을 보면, 이런 말이 있습니다.

"분산 자본주의 시대에는 나의 이익은 곧 상대방의 손해를 통해 얻어진다는 식의 고전 경제학 이론은 통하지 않는다. 21세기에는 폐쇄성에서 투명성으로, 승패에서 윈윈으로, 경쟁에서 협업으로, 소유에서 접속의 시대로 변해갈 것이며 이런 세상을 살아가는 데는 타인의 감정을 공감하는 '공감적 관계 기술 능력'이 필요하다."

2010년 경제협력개발기구에서는 별도 보고서를 통해서 변화무쌍한 미래 사회에서 세 가지의 능력이 요구된다고 발표했는데요. 첫 번째가 지적인 도구를 자유자재로 사용할 수 있는 능력이고요. 두 번째가 이질적인 집단에서 소통할 수 있는 능력이고요. 세 번째 능력이 자율적으로 행동할 수 있는 능력이라고 말합니다. 첫 번째 능력은 지식을 단순히 암기하는 것을 넘어 활용하는 능력을, 두 번째는 다양한 문화권 속에서 남들과 소통하는 능력을, 세 번째는 문제해결 능력을 말하는 것이지요.

학벌, 재산, 외모 등을 통해 너와 너를 구분하고 차별하는 획일적인 문화에서는 소통이 잘 되지 않습니다. 수출로 먹고 사는 우리나라가 더 넓은 세상 속에서 살아가기 위해서는 단일민족, 위계질서의 균열 또한 깨져야 합니다. 한 양심적인 학원 경영자는 이런 말을 했다고 해요. "학원 의존적인 아이들의 학원발은 서른세 살까지다." 시험에 붙을 때까지만 학원이 도와줄 수 있다는 말입니다. 사회에서 나가서는 시험보다는 주도적으로 자기만의 답을 써 내려가는 문제해결 능력이 가장 중요합니다. 인공지능으로 많은 것이 대체되는 미래 사회에서는 '지식'과 '사람', 변화무쌍한 '상황'과 소통하며 그것을 자신만의 방식으로 자유자재로 연결하고 융합하고 새롭게 해석해가는 사람만이 빛날 것입니다.

03 토론하는 학교들

이미 세계의 유수의 학교들은 이미 토론하는 교육을 시행하고 있습니다. 혼공, 혼독이 아닌 함께하는 토론을 통해서 적지 않은 묵직한 자료를 읽고, 서로의 생각을 자극할 수 있는 질문을 던지며, 여러 이슈에 대해서 다양한 대안들을 만들어가는 훈련을 하고 있습니다. 그 과정에서 21세기에 필요한 협업과 소통 능력, 공감과 문제해결력은 자동으로 길러집니다.

영국 옥스퍼드 대학에는 1:1 혹은 1:2 소규모 수업이 있습니다. 학생과 교수가 매주 한 번씩 만나서 소크라테스식 문답 또는 토론 형식의 수업을 합니다. 수업을 위해서 10~15개 정도의 주제와 그 주제를 공부하기 위해서 읽을 추천도서목록을 줍니다. 영국 옥스퍼드 대학 교육의 핵심이 토론 수업에 있습니다. 교수는 학생들의 주장에 대해 구체적인 피드백을 제공하고 학생들이 그 주제에 대해 폭넓은 사고를 할 수 있도록 스스로 자료를 모으고 평가하도록 조언합니다. 토론 수업을 통해서 학생들이 비판적 사고력을 훈련하는 것이지요. 한국 학생들이 얼마나 많이 읽었는지에 중점을 둘 때 영국 학생들은 얼마나 더 생각했는지에 관심을 둡니다.

2차 세계대전이 끝난 뒤 독일 사회가 가진 가장 큰 질문은 '히틀러가 다시 나오지 않게 하려면 어떻게 해야 하는가?'라는 것이었다고 해요. 히틀러는 1932년 총선에서 원내 1당이 되었고, 1933년 국민 투표를 통해 총통이 됐습니다. 그는 모든 것이 합법적인 가운데 총통이 되었고, 그런 다음 인류사에서 유례를 찾기 힘든 엄청난 만행을 저질렀습니다. 독일 사회가 올바른 답을 찾지 못한다면 히틀러는 언제든 다시 나타날 수가 있음에 그들은 늘 긴장했지요. 이 고민을 풀기 위해 독일의 진보, 보수를 대표하는 정치인들과 시민이 내놓은 해답은 '성숙한 시민'이었어요. 그래서 독일은 초등학교 5학년부터 고교 졸업 때까지 정치를 교육합니다. 이를 위해 그들은 어릴 때부터 치열하게 토론하는 거죠.

필립스 엑시터 아카데미는 미국의 유서 깊은 사립학교입니다. 이 학교에는 독특한 학습 방법이 있는데요. 바로 80년간 이어온 '하크니스 테이블'입니다. 하크니스 테이블은 12명의 학생이 둘러앉아 토론하는 수업입니다. 철저히 학생이 주체가 되어 학습이 이루어지며 교사는 학생이 토론하는 것을 도와주는 역할만 합니다. 유대인의 전통적 토론 교육 방식인 하브루타처럼 학생이 스스로 생각하고 질문하며 공부하는 방식으로 주목받고 있습니다.

하버드 의대는 기존 방식의 교육으로는 인공지능에 대체되는 의사를 배출할 수 있을 뿐 인공지능의 주인이 될 수 있는 의사는 배출할 수 없다는 이유로 교육을 개혁합니다. 하버드 의대 교육 개혁의 핵심인 '플립러닝'은 교과서와 강의가 사라진 수업을 의미하는데요. 그럼 교수와 학생들은 수업 시간에 무엇을 할까요? 토론입니다. 학생들은 집에서 미리 공부해온 내용을 중심으로 열띤 토론을 하고, 교수도 학생들 사이에 앉아서 함께 토론합니다. 단순히 논쟁 위주의 토론이 아니라 인공 지능은 절대 가질 수 없는 공감 능력을 기르는 것을 목적으로 하는 대화 위주의 토론이라고 해요.

플립러닝 토론식 교육의 장점은 기존 강의식 교육에는 없는 공감 능력을 길러주는 것입니다. 인공지능 의사에게는 창조적 상상력이 없습니다. 인공지능 의사는 창조적 상상력을 가진 인간 의사에게 종속됩니다. 인공지능의 주인이 되고자 하는 의사는 새로운 의료 지식과 기술의 혁신과 더불어 공감 능력을 갖춰야 합니다. 인간 의사만이 인공지능 의사에게 없는 공감을 발전시켜 창조와 혁신을 일으킬 것입니다.

하버드 경영대학원이 '노잉 위주'의 교육을 '비잉 및 두잉' 위주로 바꾼 이유도 이와 같습니다. '비잉'은 자기 인식을 통해 사람들에게 깊은 영향을 미치는 가치와 신념 등을 만드는 것을 의미하고, '두잉'은 기존 기술에 혁신을 일으키거나 새로운 사업을 창조하는 것을 뜻합니다. 즉 하버드 경영대학원은 지난 100년 동안 추구해왔던 지식

교육을 공감 능력과 창조적 상상력을 기르는 교육으로 바꾸었습니다. 교육 시스템 자체를 인공지능의 주인이 되는 경영자를 배출하는 것으로 바꾼 것이지요.

하버드 경영대학원은 본래 교과서도 강의도 없는 수업을 운영했습니다. 대신 실제 경영 사례를 놓고 교수와 학생들이 함께 토론하는 수업을 했습니다. 예를 들어 프랑스 패션 명문가의 경영 사례라든가, 필리핀 빈민가의 병원 경영 사례 등이 담긴 경영 사례집을 읽고 분석한 뒤 강의실에 모여서 '내가 만일 이곳의 마케팅 담당자라면 어떻게 할 것인가?', '내가 만일 이곳의 경영자라면 어떻게 할 것인가?' 등을 놓고 사례 중심의 깊은 토론을 했습니다. 그런데 이 또한 1~3차 산업혁명 시대에 하버드가 즐겼던 노잉 위주의 토론이라는 거죠. 그래서 하버드 경영대학원은 이를 4차 산업혁명 시대에 맞는 비잉 및 두잉 위주의 토론으로 바꾸었습니다. 하버드 의대의 플립러닝이 추구하는 토론을 도입한 것입니다.

시카고 대학은 석유 재벌 록펠러의 출연으로 설립된 대학입니다. 1929년 로버트 허킨스 총장은 취임 후 '시카고 플랜'을 추진합니다. 이는 고전 100권 읽고 구술시험 통과해야 졸업이 가능한 독서 교육 프로그램입니다.

시카고 플랜은 하나의 고전을 선택하고 그 고전을 쉽게 설명한 책을 먼저 읽어 기초 지식을 쌓게 합니다. 그다음 원전을 천천히 정독하면서 독파하고, 책의 핵심을 필사하면서 생각의 폭을 넓히고 다른 사유들과 연결합니다. 이런 과정을 통해 통찰력을 얻습니다. 고전은 인간의 본질적인 문제를 다루는데요. 개개인의 문제에서 물러나 인간의 근원을 파헤치며 사유하는 거죠. 그래서 시대를 막론하고 여전히 유통되는 것입니다.

우리는 얼마나 오랫동안 한 가지 정답을 체크해야만 하는 세상을 살아왔나요? 그리고 이 길을 가야만 행복하고 성공한 길이라고 주입당해 왔나요? 많은 이들은 돈과 안정성의 기준으로 선호하는 직업이 대기업과 공기업, 금융업이라고 말합니다. 이는 한국경영자총협회와 한국개발연구원 같은 국책 연구기관이 좋은 일자리라고 규정한 내용이기도 합니다. 〈사교육 걱정 없는 세상〉의 대표였던 송인수는 이런 식의 규정이 매우 폭력적이라고 말합니다. 왜냐하면 그 일자리라 해봤자 한 해에 2만~3만 개밖에 되지 않기 때문입니다. 그런데 한 해 고등학교를 졸업하는 학생 숫자는 55만~60만 명에 이릅니다. 이 기준에 따르면 결국 90% 이상의 아이들은 개인적인 능력이나 적성과 관계없이 좋은 일자리를 얻지 못한 루저가 되는 세상이 어떻게 폭력적이지 않은지를 그는 따집니다.

이제 학생들은 일상에서 겪는 여러 문제를 해결하는 방법이 한 가지가 아닌 여러 가지가 있기에 이를 위해 다양하고 유연한 사고를 배워가야 합니다. 어른도 학생에게 다양한 길이 있음을 알려주고, 여러 사람과의 만남과 소통을 통해서 자극받으며 터득해 가도록 안내해야 할 것입니다. 이런 기술들은 이미 세계의 많은 학교에서 실행하고 있듯이 좋은 책과 함께 다양한 생각들을 펼쳐갈 수 있는 토론의 공간을 통해서 작지만 실험해갈 수 있습니다.

04 독서토론이란 무엇인가

북클럽에서는 토론이 이루어집니다. 우선 토론과 관련된 용어 정리가 필요한데요. 우리가 자주 사용하는 토론이 디베이트나 토의, 수다와 어떻게 다른지 살펴보도록 하겠습니다.

토론과 디베이트

디베이트가 승부에 더 주안점을 두는 경쟁식 토론이라면, 독서토론은 다양한 사람의 의견과 가치관을 공유하고, 책을 더 다각도로 읽는 활동입니다. 발제와 논제문 만들기 연습을 통해서는 논리적인 글쓰기를 훈련하고, 책 속의 이슈가 될 만한 것을 찾아서 의제 설정 능력을 훈련해 가는 것이 가장 큰 차별점입니다. 디베이트가 제시된 논제에 대한 찬반의 입장을 날카롭게 정해 자료 조사, 설득력 있는 스피치, 반박을 하는 대회식 토론이라면, 독서토론은 책을 중심으로 깊이 있는 독서와, 책 속 이슈 찾기, 논제 만들기, 토론 진행을 위한 리더십을 배우게 됩니다. 디베이트가 '경쟁적 토론'이라면 독서토론은 '비경쟁 독서토론'이라고 할 수 있습니다. 이후에 나오는 북클럽이나 독서모임은 '비경쟁 독서토론'임을 인지해 주세요.

초등 4~6학년을 대상으로 북클럽을 하나 운영했습니다. 이 북클럽은 비경쟁 독서토론으로 한 논제에 대해서 다양한 생각을 들어보는 자리였습니다. 북클럽을 시작한 지 두 번째 모임에서 한 초등학교 6학년 남자아이가 이런 요청을 했습니다. "선생님! 다음에는 토론하고 싶어요." 순간 무슨 말인지 생각이 잠시 멈춰졌습니다. '지금까지 토론했는데 무슨 말이지?'하면서요. 그래서 구체적으로 그 아이에게 물었습니다. "지금 우리는 토론을 2시간 동안이나 했어요. 그런데 다음엔 토론하자고 한 말이 무슨 말이지요?"라고요. 그랬더니 좀 더 분명하게 찬반을 가르는 토론을 해 보고 싶다는 말하더라고요.

그 아이는 '디베이트'를 말하는 거였어요. 그런 방식의 토론에 아주 익숙해져 있었던 것이지요. 특히 그 또래의 남자아이인 경우는 성향상 좀 더 승부욕이나 경쟁하고자 하는 욕구가 있을 수 있습니다. 그때 북클럽 참여자가 열 한 명이나 되었으니 한 논제에 대해서 여러 사람의 다양한 생각을 들으려니 조금은 지루하게 느껴졌었나 봅니다.

그러나 비경쟁 독서토론은 싸워서 내 주장이 옳다는 것을 증명해 내는 것이 아닙니다. 모두의 의견이 정답일 수 있고, 비슷하지만 그래도 조금은 결이 다른 각자만의 정답이 있음을 깨닫는 과정입니다. 그 과정에서 약간의 인내와 기다림이 필요할지라도 서로를 향해 열린 마음으로 귀 기울이고 다양한 의견이 있을 수 있음을 수용해 가는 거지요. 이는 우리 사회에 너무나 중요합니다. 어릴 때부터 이것을 훈련해 간다면 우리는 다양성의 사회에서 포용력을 가지고 민주사회 시민으로서 살아갈 수 있지 않을까요.

디베이트와 토의

디베이트는 정치적인 것에서 나왔습니다. 기본적으로 어떤 안건을 서로 논쟁적으로 얘기하여 긍정적인 어떤 결과를 도출하기 위한 방식입니다. '사형제도는 사라져야 하는가? 존속되어야 하는가' 처럼 양끝단의 갈등에서 하나를 선택해야 하는 상황에서 자신의 가치적 기준으로 상대방을 설득하고 논증해가는 방식입니다. 여기서는 중간이 없습니다. 이것 아니면 저것입니다. 이런 방식의 토론에 참여하게 되었다면 적극적으로 자기 입장을 정해 주장해야 합니다.

토론하면 생각나는 것이 정치인들이 나와서 편을 갈라 서로 싸우는 모습입니다. 정치인들의 정치토론은 양보가 없고 서로 자기주장만 하다가 끝납니다. 이러한 정치토론과 독서토론은 다릅니다. 정치토론은 승자를 가르지만, 독서토론은 승자와 패자를 가르지 않습니다

다. 독서토론에 참여하는 사람은 모두 승자이며, 서로가 서로에게 가르침을 주고 배움을 얻는 것을 목적으로 할 뿐입니다.

토의는 양단 선택 문제가 아닙니다. '진정한 친구란 무엇인가?'처럼 정해진 답이 없습니다. 이런 질문에는 다양한 관점의 발언이 나옵니다. 이때 중요한 것은 타인의 관점을 수용하는 것입니다. 나와 타인이 겪은 경험과 지식은 엄밀히 다릅니다. 그런데도 나이가 많거나 선배라는 이유로 은근히 상대에게 강요하는데요. 이를 경계해야 합니다. 마음에 들지 않는다고 말 중간에 끼어들면 안 됩니다. 토의는 다양한 관점을 듣는 행위임을 잊어서는 안 됩니다.

비경쟁 독서토론은 토의와 더 비슷합니다. 다양한 관점을 듣고 자기 가치를 표현하는 장소가 되어야 하지요. 그러나 사고의 확장을 더욱 원한다면 토의와 함께 어떤 이슈에 관해서는 디베이트와 비슷한 방향의 토론이 함께 이루어져야 합니다. 토의에 치우치거나 디베이트에만 치우치면 지루하거나 경직됩니다.

토론과 수다

수다는 일정한 형식이 없어 기가 센 사람이 주도하기도 합니다. 한마디로 목소리가 큰 사람이 주도하는 것이지요. 반면 상대방을 잘 배려하는 사람은 남의 말을 듣기만 합니다. 반면 토론은 일정한 형식을 가지고 있어요. 책을 읽고 온 사람은 누구나 공평하게 토론에 참여하고 말을 합니다. 책을 중심으로 이야기하며 토론할 때 규칙에 따라야 합니다. 리더는 규칙이 잘 적용되도록 멤버들을 조율해야 합니다. 잘 되는 독서 모임은 매뉴얼이 있습니다. 참여하는 멤버들이 골고루 발언할 수 있도록 배려합니다.

책과 상관없는 이야기로 지나치게 발표 시간이 길어지면 리더는 발표자에게 곧 끝내라는 무언의 압박을 가합니다. 발표자의 기분이 상하지 않도록 일정한 규칙을 정해 놓는 것이 필요하지요. 이러한 규칙이 없이 수다로 흐르는 독서 모임은 처음에는 자유로운 듯하나, 계속 이런 방식의 토론이 이루어지면 사람들은 곧 지루해지고, 시간이 아깝다는 생각이 들어서 모임에 나와야 할 동기부여를 잃습니다.

수다와 토론을 명확히 구분해서 생산적인 토론이 되도록 모든 조원이 함께 노력해야 합니다. 수다보다 토론이 될 수 있도록 진행 매뉴얼도 만듭니다. 토론이 옆길로 새지 않고 책에 집중하도록 진행자는 노력해야 합니다.

이렇게 토론과 토의, 디베이트, 수다의 차이점에 관해 강의하다 보면, 많은 이들이 "우리 모임은 지금 수다로 가고 있어요, 그래서 우리 모임이 정체되어 있었군요."라고 실토하더라고요. 북클럽에서 주로 이루어지는 토론은 디베이트와 수다와는 조금 다른 비경쟁적 토론과 토의입니다. 우리는 북클럽이 지향하는 토론의 정의, 방향을 이해하고, 북클럽 요소를 하나씩 뜯어보면서 자신의 상황에 맞게 유연하게 만들어가는 것이 필요합니다.

혼란을 얻는 자리

제가 일했던 일터는 국제단체였습니다. 국제 이사회도 있었습니다. 그 이사회의 특징은 이사를 다양한 조합으로 구성한 것이었어요. 그 중 한 사람은 아시아 여성을 꼭 포함해야 했습니다. 제가 한 회의에서 만난 한 분이 아시아 여성으로 발탁이 되었는데요. 한국 분이셨어요. 그 외에 흑인도 포함되어야 했구요. 백인 남성만이 아닌 다양한 성별과 인종, 세대로 구성을 못 박는 것은 우리 이사회는 다양한 목소리를 듣겠다는 강력한 의지를 말하는 것이지요. 이렇게 다양한 구성원이 모이면 대화가 늘 편안할까요? 혼란이 있을 수 있습니다. 세대, 성별, 인종의 차이를 극복하는 것은 쉽지 않아요. 오랜 시간 누려왔던 기득권의 묘한 심리와 신념이 미묘한 긴장감과 벽을 형성할 수도 있습니다. 그러나 인내하며 소통하기를 포기하지만 않는다면 어떤 창조적인 생각들이 흘러나올까 기대가 됩니다.

앞에서 한 번 소개한 『비밀 유언장』이라는 책을 보면 싱크대 수리공 아저씨와 아이티 사장이 함께 토론하는 장면이 나옵니다. 우리 북클럽 모임에 싱크대 수리공 아저씨가 나온다면 어떠할 거 같나요? 요즘 젊은 문학가들은 퀴어 소설류의 내용도 많이 쓰더라고요. 상 받았다고 읽어보니 그런 내용이 트렌드인가 봅니다. 사회 표면에 잘 드러나지 않는 소수의 목소리를 반영하는 것이지요. 우리 독서 모임에 그런 분이 한 분 있다면 어떨 것 같나요? 실제로 대학 관련기관에서 근무할 때 한 남학생이 게이인 것을 뒤늦게 알았습니다. 과학 고등학교를 나온 똑똑한 학생이었어요 그러나 우리 커뮤니티에 속한 학생들과 그 남학생은 서로의 언어를 이해 못했고 결국 그는 친척이 있는 독일로 간다고 하면서 휴학하고 커뮤니티를 떠났지요. 독서토론을 시작하면 '어떻게 저렇게 읽을 수 있지?', '나와 참 다른 생각을 하네.'라며 의구심을 표현합니다. 그러나 듣기를 인내하면 '아 저렇게 읽을 수도 있겠구나', '내가 이런 점은 놓쳤구나.'라며 나와 다른 점을 서서히 인정하게 됩니다. 이때부터 편견과 독선의 벽이 허물어지기 시작합니다.

독서토론을 계속하다 보면 어느 순간 정신이 혼란스러워지는 단계로 넘어갑니다. 자신이 지금까지 '그렇다'라고 생각한 가치관과 세계관이 충돌을 일으키며 허물어지기 시작합니다. 독서토론을 하고 나면 머리가 명쾌해지는 게 아니라 혼란해지는 것이지요. 그래서 모임을 마친 후에 느끼는 상쾌함보다는 혼란에 익숙해져야 합니다. 그런 경험을 간증하는 독서토론이 아주 잘되고 있는 독서토론입니다. 정신적 혼란을 겪은 후에야 자신의 뇌가 유연해집니다. 혼란이 익숙해야 사고가 확장됩니다. 삶이 유연해집니다. 독서 토론은 해답을 얻어가는 자리가 아니라 질문을 얻어가는 자리이기도 하니까요. 이것이 좋은 북클럽이고 독서 모임에 참여하는 이유입니다.

비슷한 연령대, 성별, 직업의 사람들이 모이면 공감과 위로가 깊어질 수 있지만, 좀 더 다양한 사람들로 구성하면 또 다른 이점이 있습니다. 비슷한 사람, 비슷한 연령대만 있으면 생각이 갇힐 수 있어요. 남자도 있어야 하고, 나이 많은 분들도 있어야 하고, 젊은 분들도 있어야 합니다. 물론 생각의 차이로 갈등도 많이 생길 수도 있겠죠. 그러나 인내하는 자에게 좋은 열매가 있을 것입니다.

05 북클럽을 하나하나 뜯어볼까요

북클럽은 책을 중심으로 하는 모임입니다. 그저 책이 좋아서 막연하게, 자신만의 커뮤니티를 만들고 싶어 북클럽을 시작하신 분도 계실 겁니다. 어떤 이유든 우리가 속한 북클럽을 조금 더 자세히 안다면 더 사랑하게 되지 않을까 하는 마음에 우선 북클럽의 요소를 찬찬히 뜯어보고자 합니다.

먼저 독서행위 중심으로 본 북클럽 요소는 읽고, 쓰고, 말하고, 듣는 행위입니다. 읽고 쓰는 것은 혼자 할 수는 있지만, 말하고 듣는 것은 홀로 할 수 없습니다. 일상에서도 우리는 이 네 가지를 어떤 형태로든 하며 살아갑니다. 북클럽에서 이루어지는 행위는 글자로 적혀진 책을 중심으로 한다는 것이 그 특징입니다. 단순히 그저 잡담이 아닌 인류가 문자를 발명한 이후 오랫동안 인류의 지식과 지혜가 담긴 책을 중심으로 하는 활동이죠.

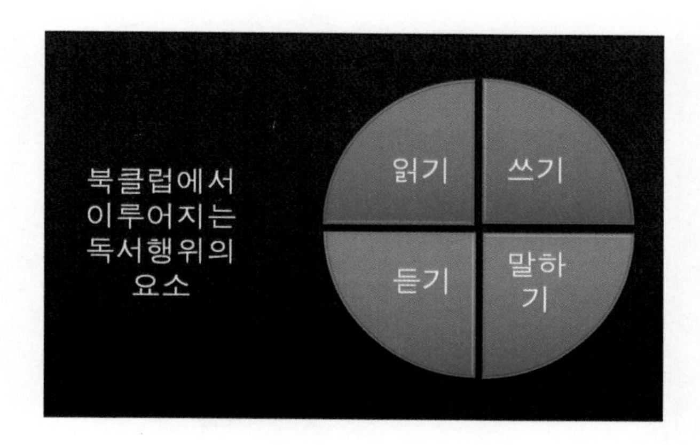

북클럽 독서행위의 요소인 이 네 가지가 꼭 순서대로 되지는 않습니다. 그러나 북클럽이 어떤 형식으로 이루어지든 이 네 가지가 녹아 있습니다. 이 네 가지에 대해서 각각 설명하고, 그 각 과정을 어떻게 조합하고 유연하게 활용하는지에 따라서 북클럽 또한 다양해질 수 있음을 알아보도록 하겠습니다.

두 번째는 북클럽의 물리적 요소라고 할 수 있는데요. 그것은 리더와 멤버 그리고 논제입니다. 리더만 있거나, 멤버만 있거나, 논제만 있어서는 북클럽이 형성될 수 없을 겁니다. 아직 리더를 뽑지 않은 멤버만 있는 북클럽도 있습니다. 실제로 "우리 북클럽은 리더가 없어요."라고 강의 때 말씀해 주신 분도 계셨어요. 누구 하나가 리더로 중심을 잡아 준다면 좀 더 방향이 있는 북클럽이 될 수 있을 겁니다. 리더와 논제는 있지만 멤버가 없는 북클럽은 혼독과 크게 다르지 않겠지요.

리더와 멤버는 있지만 논제가 없다면 어떨까요? 아마 대부분은 자유로운 나눔 형식의 북클럽을 하고 있을 것입니다. 그러나 어느 정도 시간이 지나면 한계를 느끼고 자신의 북클럽에 대해서 고민하는 시점이 오게 됩니다. 독서 모임의 가장 문제 중 하나는 논제가 없는 경우입니다. 논제가 없으면 기승전 시댁, 기승전 자녀 양육 이야기로 갑니다. 예전에 한 북클럽에서 한 참여자는 어떤 책을 읽어도 기승전 자녀 양육 이야기로 끝맺으시더라고요.

이는 초등 어린이들에게도 적용이 됩니다. 제가 운영하는 한 어린이 북클럽은 일요일 저녁 8시에 시작하는데요. 인원이 조금 되다 보니 예상 시간보다 훌쩍 지나 2시간을 채워가고 있었어요. 어떻게 그 시간을 채울 수 있었냐고요. 논제가 있었기 때문입니다. 아이들이 피곤해하고 지루해하면 어쩌나 걱정했는데요. 다음날 한 어머니가 자기 딸이 처음 독서 모임을 해서 잘 참여할 수 있을지 걱정했는데 지루하지 않고 재미있어 했다면서 감사하다고 문자를 주셨더라구요.

논제를 중심으로 하면 지루해할 거 같지만, 토론이 끝난 후 소감을 이야기하면 "저랑 다른 다양한 생각을 듣게 되어서 좋았어요.'라는 말을 많이 합니다. 다른 이야기를 듣다 보면 또 다른 생각들이 떠오릅니다. 토론이 끝나고 글로도 다시 한 번 정리하니깐 책을 제대로 읽고 소화한 느낌이 듭니다. 논제의 힘입니다.

물론 북클럽의 물리적 요소는 이 외에도 다른 것을 생각해 볼 수 있습니다. 공간도 중요한 요소 중 하나인 겁니다. 요즘은 카페에서도 독서 모임을 많이 합니다. 저 또한 지역에서 이끌었던 한 북클럽은 동네 책방을 돌면서 진행했습니다. 매번 다른 공기를 품어내는 각양각색의 공간은 북클럽에 또 다른 생기와 활력을 더해줍니다. 코로나 이후 집도 그렇고 공간에 대한 관심은 높습니다. 공간이 사람의 행위를 규정하고 기분을 좌우하고 삶의 방식을 결정하기 때문입니다.

그 외에도 간식, 이벤트 활동 등 다양한 요소를 넣을 수 있지만, 북클럽은 책을 중심으로 한 활동임을 기억하며 그 본질을 놓쳐서는 안 될 것입니다. 그 본질을 놓치지 않고 다양한 물리적 요소를 상황에 맞게 요리한다면 더욱 지속 가능하고 활기찬 북클럽을 운영할 수 있을 겁니다. 이제 이 요소들을 중심으로 하나하나 뜯어보도록 하겠습니다. 아래의 글쓰기 미션과 긍정 확언도 놓치지 마세요!!

글쓰기 미션

내가 북클럽 멤버라면 왜 북클럽에 참여하고 싶나요? 혹은 현재 북클럽 리더이거나 리더를 계획하고 있다면 북클럽을 꼭 해야만 하는 이유에 관해 고민해 보고 적어보세요.

긍정확언

나는 사람들의 성장을 도와주는 북클럽 리더가 될 것이다.

03 / 독서행위로 본 북클럽의 요소

01 북클럽 리더의 독서법

북클럽 리더는 책을 많이 읽어야 하나요

최고의 리더들은 모두 독서광이었습니다. 아마존 CEO 제프 베이조스 역시 다르지 않았습니다. 어린 시절부터 영재교육을 받았던 그에게 읽고 쓰고, 사람들에게 자기 생각을 말하는 건 특별한 일이 아니었죠. 1977년 출간된 『총명한 아이를 기르는 법: 학부모가 본 텍사스 영재교육』에는 같은 학교 여자아이가 자기보다 책을 더 많이 읽는다며 분한 감정을 표현하는 초등학교 6학년 베이조스의 모습이 담겨 있는데요. 그는 세계에서 가장 큰 서점을 만들겠다는 목표로 아마존닷컴을 창업합니다. 회사 안에서 자신을 포함한 최고위 임원들로만 구성된 독서 모임을 운영하는 것도 결코 우연이 아닌 것이죠.

일론 머스크 역시 책에 빠져 살았던 것은 마찬가지입니다. 그의 동생 킴벌 머스크는 "형은 하루에 보통 열 시간씩 책을 읽었다. 주말이면 하루에 두 권도 읽었다."고 말하는데요. 초등학생 시절의 머스크는 오후 2시쯤 학교를 마치면 곧장 서점으로 달려가 부모가 돌아오는 저녁 6시까지 계속해서 책을 읽었다고 해요. 초등학교 3, 4학년 때에는 이미 학교 도서관과 마을 도서관에 있는 책을 모두 다 읽어서 사서에게 책을 더 주문해달라고 졸랐고, 나중에 가서는 『브리태니커 백과사전』까지 모조리 읽어버렸다고 합니다. 그가 우주탐사를 위한 로켓을 개발하겠다고 마음먹은 뒤 가장 먼저 한 일도 소련의 로켓 과학자들이 쓴 책을 구해서 읽는 것이었다고 하는데요. 주위에서 뭐라고 하든 굴하지 않고 추진하는 그의 많은 프로젝트는 이런 그의 독서 이력에서 나온다고 해도 무방하겠죠.

서로 다른 시대에 태어나 전혀 다른 환경에서 살아갔지만, 최고의 리더들은 모두 엄청난 독서광이었습니다. 그들 모두가 최고의 책벌레였던 이유는 무엇이었을까요? 최고의 리더들만큼 자신보다 더 뛰어난 누군가가 나타나 자신의 세상이 얼마나 좁은지, 그동안 자신이 세상을 바라보았던 관점이 얼마나 작은지를 깨닫게 해 주고 깨부숴 주기를 갈망했던 것이죠. 그들은 그렇게 거인들의 어깨에 올라타 더 넓은 세상으로 나갈 수 있었습니다.

다독가는 아니어도

북클럽 리더가 되고자 하는 분들이 모두 최고의 리더들처럼 큰 기업을 이끄는 것은 아닙니다. 그리고 그들처럼 다독가가 되어야만 북클 리더를 시작하실 수 있는 것도 아닙니다.

북클럽을 처음 시작하는 분은 두려운 마음이 많으실 겁니다. "난 그렇게 책을 많이 읽는 사람은 아닌데요.", "내가 과연 잘 이끌 수 있을까요?", "회원들을 잘 도와주지 못하면 어쩌지요?" 등 여러 고민이 있으실 거예요.

그러나 북클럽 리더가 되고자 하는 분들은 한 가정의 부모이기도 하실 테고, 일터에서 작은 팀을 이끌어 본 경험 하나씩은 있을 겁니다. 그러면 누구나 할 수 있습니다. 혹시 그런 경험이 없을지라도 책에 대한 애정만 있어도 시작하실 수 있습니다.

독서 모임에서 가장 성장하는 사람은 사실 리더입니다. 독서 모임을 준비하기 위해서 누구보다도 책을 더 꼼꼼히 읽고 준비하게 됩니다. 독서 모임은 우선 리더 자신에게 강력한 환경설정이 되어서 책 읽는 사람으로 변화하게 만듭니다. 자신이 기존에 굉장한 독서가였든 아니든 준비된 도서를 완독하고 한 번 더 읽고 갈 사람은 리더이기에 우선 독서 습관을 가지기에 탁월한 시스템이 됩니다.

저는 20여 년 넘게 지역의 한 단체에서 대학생들을 교육하고 훈련해 왔는데요. 그들을 리더로 세우기 위한 시작은 그저 작은 소모임 하나 맡기는 거였습니다. 우선 소모임 멤버로서의 경험을 한 두 학기 하게 합니다. 그리고 리더를 세우기 전에 관련된 강의를 하면서 지식을 채우고, 필독서도 읽히면서 리더십에 대한 큰 뼈대를 세

웁니다. 그러나 그들이 완벽하게 준비되어서 리더로 세우는 것은 아닙니다.

막상 리더가 되면 여러 가지 일들을 겪게 됩니다. 어떤 학기는 엄청나게 잘 됩니다. "나 리더에 소질이 있나 봐."라고 마음이 부풀어 있습니다. 그런데 또 어떤 학기는 망합니다. 맡겨진 소모임 멤버들이 다 도망가거나 모임 자체가 잘 굴러가지 않습니다. 지난 학기까지 자신만만했던 마음은 어디로 가고 "난 리더에 소질이 없어."라고 자괴감에 빠집니다. 그렇게 희망에 찼다가 암울한 시기를 거쳤다가 롤러코스터를 타듯 매 학기 감정의 기복을 겪습니다.

다음 학기 리더를 또 해야 할까 고민했다가 소모임에 속한 멤버 한 사람의 성장과 변화를 보고 다시 할 마음을 먹게 됩니다. 아이 키우는 맛이랑 똑같지요. 아이의 한순간 재롱에 그동안의 힘듦이 싹 사라지잖아요. 그리고 그 과정에서 자신의 상처도 대면하고 고뇌도 하면서 조금씩 단단한 마음으로 여물어집니다. 그렇게 변화를 맛보며 리더가 되어갑니다. 우리가 완벽해서 부모가 되는 것이 아니라 부모가 되어가듯 말입니다.

기회가 있다면 피하지 말아라

리더의 자리가 사람을 리더답게 만드는 것 같습니다. 물론 너무 준비되지 않는 리더는 멤버들에게 피해만 줄 것입니다. 어찌하든 리더라는 자리는 영향을 주는 자리이기 때문입니다. 그러나 리더라는 역할을 하면서 리더 자신이 성장해간다는 사실도 잊어서는 안 됩니다. 그렇지 않다면 아무도 리더를 시작할 수 없습니다.

그러니 리더가 될 기회가 있다면 피하지 마십시오. 당장은 내 자리가 아닌 것 같고, 나에게 익숙하지 않기 때문에 불편한 자리이지만 익숙해지면 어느 순간 나에게 맞는 자리가 됩니다. 두려워하지 않고 그 순간을 이겨내면 더 큰 열매가 기다리고 있습니다.

그런데 리더 하다가 도망가는 사람도 있습니다. 열매를 보기 전에는 모든 과정에서 치러야 할 대가가 있습니다. 그런데 그러한 대가를 치르기 싫은 것이지요. 책을 읽어야 하고, 멤버를 이해하는 수고를 해야 하고, 나 자신도 돌아보는 치열한 싸움도 해야 합니다. 그 과정들이 너무 버겁게 느껴지는 거죠. 그러나 조금의 그 불편한 과정들을 인내하고 견디고 도망가지 않으면 어느 순간 편안해집니다. 성장했다는 증거입니다. 그 열매는 달콤합니다.

저는 말 한마디 못 하는 사람이었습니다. 아니 말하는 게 귀찮고 싫은 사람이었죠. 열등감도 엄청 많았고요. 사람도 엄청나게 두려워하는 사람이었죠. 그런데 제가 사는 지역단체를 책임지는 대표직을 좀 이른 나이에 맡게 되었습니다. 좀 더 선배에게 배우고, 그 밑에서 안전하게 경험도 해 보면서 시작해야 하는데, 너무 빨리 리더가 된 거예요. 아직 나 자신이 좀 더 성숙해지고 무르익기 전에 시작했던 것이죠. 그런데 돌아보면 리더가 된 것이 가장 빨리 성숙해지는 계기였던 것 같아요. 후배들은 미숙한 저로 인해 조금 힘들긴 했지만요. 그렇게 사람을 두려워하고 그랬던 제가 일대일 상담이든, 소그

룹이든, 강의든 그것을 잘하든 못하는지와 상관없이 이젠 별로 두렵지 않고, 에너지도 크게 들지 않게 되었습니다. 리더로서 겪는 수많은 사건 사고는 나 자신을 성찰하는 시간을 마련해 주었고, 그 속에서 만난 자신의 상처, 두려움 이런 것으로부터 자유로워진 것이죠. 이제는 거기에 에너지가 크게 들지 않고 다른 이에게 쏟을 수 있는 에너지가 더 많이 생긴 겁니다.

리더가 되어 다른 사람의 성장을 돕는 일은 보람 있고 행복한 일입니다. 남을 성장시킨 경험은 본인에게도 큰 자양분이 되어 더 큰 사람이 됩니다. 독서모임의 리더의 삶은 멤버들을 변화시키고 리더인 자신을 변화시키고 세상을 변화시키는 통로가 될 것입니다.

북클럽 리더의 독서력 다지기

북클럽 리더는 과연 무엇을 읽어야 할까요? 우선 책을 읽어야 합니다. 북클럽은 책이 중심이기 때문입니다. 그리고 멤버를 읽어야 합니다. 멤버 없이 리더와 책만 있다면 혼독이 되어 버리겠지요. 멤버들이 어떤 성향이고, 어떤 책들을 주로 읽어 왔고, 왜 북클럽에 참여하고 싶은지 등에 관한 이해를 하고 있어야 합니다. 그리고 리더 자신을 읽어야 합니다.

리더도 사람입니다. 주어지는 책에 따라서, 여러 성향의 멤버들에 따라서 시시각각 생각과 마음이 달라질 수 있습니다. 자그마한 일에도 상처를 받을 수도 있고요. 작은 소모임일지라도 북클럽은 기계적으로 돌아가지 않습니다. 다양한 책과 멤버들에 따라 생명과 같은 흐름이 있습니다. 리더는 그것에 어떻게 반응해 갈 것인지에 대한 이해 또한 자라가야 합니다. 그래야 좀 더 유연하게 상황에 맞는 대처를 할 수 있습니다. 우선 책에 초점을 맞추어 이야기 해 보겠습니다.

참여자는 자기 생각만 정리해서 발표하면 되지만 리더는 북클럽에서 논의할 토론 전체를 보는 안목으로 책을 읽어야 합니다. 토론의 중심을 잡아가야 하기 때문입니다. 리더는 객관적이어야 합니다. 주부 독서회인 경우 누군가 교육 이야기를 하면 꼬리에 꼬리를 물면서 교육 주제로만 맴돌게 되는 경우를 볼 때가 많습니다. 진행자는 책의 주제에 대한 이해를 가지고 중간에 약간씩 중심을 잡아줘야 합니다.

많이 알고 똑똑하지 않아도 됩니다. 리더는 진행하는 사람입니다. 최대한 자기 생각을 줄이고 절제합니다. 오히려 적극적으로 듣는 사람이 되어야 합니다. 회원들이 주제나 배경지식이 부족하다고 생각하면 보충해서 설명합니다. 토론이 올바른 방향으로 갈 수 있도록 이끕니다.

북클럽 리더를 시작하고자 하는 이들을 위한 강의에서 설문조사를 한 적이 있습니다. 설문 결과를 보니 한 달에 3~4권 읽는 분들도 20~30퍼센트 되었지만, 한 달에 1~2권도 많았습니다. 다독이 꼭 중요한 것은 아니지만, 북클럽 리더라면 좀 더 다양한 장르의 독서를 충분히 읽어가면서 책에 대한 감수성을 길러갈 필요가 있습니다. 제 개인적인 생각으로는 최소한 한 주에 한 권은 읽어야 하지 않을까 합니다. 하루에 30분만 투자해도 한 주 한 권은 읽을 수 있습니다.

독서력이 있어야 합니다.

독서력이란 책을 읽는 능력을 말합니다. 어떤 장르의 책도 읽을 수 있는 근력을 말합니다. 어떤 이는 '읽는 것도 능력'이 되는 시대가 되었다고 합니다. 영상 시대에 독서율은 더욱 떨어지고 있기에 이 또한 능력이 되는 것입니다. 그런데 독서력은 누구나 꾸준히 하면 기를 수 있습니다.

독서력이 부족한 이유는 무엇일까요? 그것은 그 분야의 배경지식이 부족하기에 안 읽히는 겁니다. 당연합니다. 제가 골프를 안 쳐 봤는데 골프 용어가 가득한 책을 읽으면 아무리 다독가라고 해도 잘 안 읽히겠지요. 우선 그 분야의 책들을 10권은 모아놓고 조금씩 어휘와 용어들이 익혀질 때까지 읽어보는 겁니다. 그렇게 1~2권에서 2~3권, 조금씩 늘려 10권만 읽으면 그 다음 골프 관련된 책들은 술술 익혀질 것입니다. 책을 많이 읽는다 해도 자신이 안 읽어본 분야의 책은 배경지식이 없기 때문에 당연히 어려울 수 있습니다.

독서력이 부족하면 문해력이 부족하게 됩니다. 문해력은 글을 읽고 이해하는 것을 말합니다. 글 행간의 의미를 해석할 힘을 말합니다. 글자는 읽었지만 무슨 말이지 모릅니다. 잘 안 읽힌다면 문해력이 부족한 것이죠.

한쪽 장르의 책만 읽는다면 그 쪽 분야의 독서력과 문해력은 있을 수 있겠지만, 다른 장르의 독서력과 문해력은 약할 수 있습니다. 저도 술술 읽히는 책도 있지만 여전히 어려운 책도 있습니다. 인문고전도 그렇구요. 메타버스나 미래 트렌드와 관련된 것은 새로운 용어와 어휘력들이 계속 나오기 때문에 계속 읽어가면서 배경지식과 어휘력을 늘려야만 그 쪽 분야의 독서력과 문해력을 키울 수 있습니다.

우선 쉬운 책으로 접근해 봅니다. 경제 도서라고 하면 경제 도서도 천차만별이잖아요. 책 속 한 장을 아무거나 선택해서 읽어보면 답이 나오죠. 모르는 것이 20~30퍼센트 정도 되면 읽을 만하죠. 50퍼센트 이상 모르겠다면 잘 안 읽혀 질 거예요. '경제는 나랑 안 맞는가 봐' 하면서 지레 포기하게 됩니다. 그 분야와 안 맞는 것이 아니라 아직 배경지식이 충분하지 않은 거죠. 이럴 경우는 그 분야의 도서를 포기하기보다 좀 더 쉬운 청소년 도서부터 시작하면 좋습니다.

독서 나이는 다 다릅니다. 초등 북클럽을 하나 시작했는데요. 원래는 5, 6학년만 모집했는데 4학년 학생 문의가 들어왔어요. 제시된 책을 읽을 수 있으면 함께해도 괜찮다고 말했습니다. 그래서 4학년 네 명이 들어왔어요. 이들에게 설문조사를 했습니다. 그랬더니 한 달에 책을 5권 읽는 학생이 2명, 10~20권 읽는 학생이 2명 있었는데요. 나머지는 5~10권 정도 읽었습니다. 그런데 6학년보다 4학년이 책을 더 많이 읽고 있었습니다. 그렇다면 독서 나이는 4학년이 6학년보다 더 높을 수 있는 거죠.

요약력이 있어야 합니다

독서력에서 두 번째로 중요한 것은 요약력입니다. 책 읽고 5분이나 10분 안에 요약해보라고 하면 할 수 있어야 합니다. 책 전체를 읽고 나서 요약하려면 당연히 뭘 읽었는지 기억이 안 날 수도 있고 요약이 잘 안 될 수도 있어요. 보통 챕터가 4~6장 정도인데요. 큰 챕터 하나씩 읽을 때마다 요약을 한 문단씩 해 보는 겁니다. 그때는 기억이 아직 살아있기 때문에 요약이 됩니다. 그리고 책을 다 읽고 그것들을 모아서 다시 요약해 보면 도움이 됩니다.

또 다른 방법은 책을 읽기 전에 머리말과 맺음말을 읽고 시작하는 겁니다. 그것은 책의 전체 뼈대이자 숲인데요. 작가가 가장 말하고 싶은 책의 핵심이 잘 요약된 부분이죠. 책을 읽기 전에도 읽지만, 책을 다 읽고 나서도 목차, 머리말, 맺음말을 다시 읽어보면서 상기해봅니다. 그러면 기억이 다시 나면서 중요한 핵심 키워드 중심으로 요약해 볼 수 있습니다. 저는 이와 더불어 책 읽는 중간마다 키워드 중심의 마인드맵을 그리면서 읽습니다. 아주 꼼꼼한 기록보다는 키워드 중심의 마인드맵은 전체 뼈대를 잃지 않고 책을 읽을 수 있기 때문에 나중에 요약하는 데도 도움이 됩니다.

표현력이 있어야 합니다.

표현력이란 요약한 것을 글이나 말로 표현해 보는 것을 말하죠. 읽고 요약하고 서평이나 독후감으로 써 보는 겁니다. 또 말로 생각을 표현해 봅니다. 글이든 말이든 책을 읽고 북클럽에서 쓰고 말해 보는 것은 매우 중요한 훈련입니다. 글이나 말로 표현할 때는 책의 문장을 그저 앵무새처럼 읊을 수는 없습니다. 거기에 나만의 생각을 덧붙여야 합니다. 이 부분이 자신만의 콘텐츠가 될 수도 있겠죠. 만약 리더라면 사실 말할 기회가 멤버보다 더 적습니다. 그러나 시작할 때 책을 2~3분이라도 짧게 요약한 부분을 설명해주고 시작한다면 리더 본인 뿐 아니라 멤버에게도 도움이 될 것입니다. 미리 글로 요약해서 준비해 놓으면 좋겠고요.

문해력, 요약력, 표현력 이 세 가지 골고루 갖추었을 때 독서력이 있다고 말합니다. 다양한 장르의 도서를 꾸준히 읽음으로 배경지식을 늘리고, 그러다 보면 문해력을 길러집니다. 책을 단순히 읽을 뿐 아니라, 요약해 보고, 자기 생각도 덧붙여보고, 그것을 말이든 글로 표현해 볼 때 독서력은 더욱 단단해집니다.

북클럽 리더의 책 읽는 방법

북클럽 리더나 멤버 모두 "좀 더 기억에 남는 독서를 하려면 어떻게 해야 할까요?"라는 질문을 많이 하십니다. 얼마 전 '이상한 변호사 우영우'라는 드라마를 보았는데요. 주인공 우영우는 자폐 변호사입니다. 그녀는 한번 본 모든 것을 기억합니다. 그 주인공처럼 천재가 아니라면 한 번 읽고 망각하는 것은 뇌과학적으로도 매우 당연합니다.

에빙하우스의 망각곡선을 한번쯤 들어보셨을 거예요 . 읽고 나서 10분 후 망각이 시작되고, 1시간 후 50퍼센트, 하루가 지나면 70%를 망각합니다. 책을 일일 일독하는 사람도 있지만 그 사람도 하루가 지나면 70%를 망각합니다. 일주일에 한 권 읽는다면 읽으면서 70~80%는 기억 바깥으로 빠져나가 버리게 되는 거죠.

그럼 어떻게 읽어야 좀 더 남는 독서를 할 수 있을까요? 에빙하우스의 망각 곡선을 역으로 이용하면 됩니다. 잊을만하면 다시 반복하면 됩니다. 그래서 여러 번 반복 학습을 강조합니다. 책도 같습니다. 한번 읽고 단번에 기억하는 일은 천재가 아니면 대부분의 사람들에게는 불가능합니다.

북클럽을 위한 독서는 함께 읽고 토론함으로 자기 생각을 나누기 위해서는 여러 번 읽고 준비해야 하는데요. 어떻게 여러 번 읽으면 좋을까요? 이는 리더와 멤버 모두에게 적용해 볼 수 있어요.

첫째, 먼저 대충 훑어서 봅니다. 길고 두꺼운 책을 1쪽부터 천천히 읽으려면 자칫 지겨워질 수 있습니다. 먼저 여는 말, 목차, 지은이 소개 등을 빠르게 훑어보는 게 좋습니다. '대충 어떤 내용이 나오겠구나.'를 추측하는 정도로 빠르게 전체를 훑습니다.

둘째, 책을 처음부터 끝까지 읽습니다. 자신이 평소 읽는 속도대로 읽습니다. 빠르게 읽어도 좋고, 느리게 읽어도 좋습니다. 일단 처음부터 끝까지 읽습니다.

셋째, 같은 책을 적어도 두세 번 읽습니다. 적어도 두세 번은 읽어야 책을 제대로 맛볼 수 있습니다. 두세 번 읽으라는 말은 처음 읽었을 때와 똑같이 전체를 읽으라는 말은 아닙니다. 처음에는 전체를 빠르게 통독하고, 두 번째는 밑줄 친 부분만 읽고, 세 번째는 그 중에서도 더 핵심 되는 부분만 읽으면 책의 핵심 주제를 더 빠르게 기억에 남길 수 있습니다.

넷째, 같은 주제를 다룬 책을 폭넓게 읽습니다. 저자가 쓴 다른 책 읽기, 저자가 소개한 책 읽기, 비슷한 주제를 다룬 책을 찾아서 읽기 등은 독서의 폭을 넓혀줍니다. 한 주제에서 파생된 다양한 버전의 책을 읽으면 주제를 폭넓고 깊게 이해하는 데 도움이 됩니다. 번역서인 경우는 다양한 버전으로 읽어도 좋습니다. 『논어』도 어린이용이 있고 청소년용이 있고 성인용이 있습니다. 이 분야가 아직 익숙하지 않다면 어린이용이나 청소년용부터 읽으면서 배경지식과 관련 용어를 익혀갈 필요가 있습니다.

쉽게 얻는 것은 쉽게 잊어버립니다. 제 동생은 한 권의 책을 읽고 정말 꼼꼼히 기록합니다. 때로는 제가 뭐 그렇게 꼼꼼히 기록하냐고 말하기도 해요. 읽는 것만큼 기록하고 정리하는 데도 굉장한 에너지를 쓰는 것이죠. 그것은 책을 여러 번 읽는 효과를 가져오기에 기억에 남는 독서가 될 수밖에 없습니다.

한 편으로 조승연 작가를 아시나요?. 그는 작가뿐 아니라 유튜버 등 다양한 활동을 하고 있는데요. 한번은 구독자가 그에게 묻습니다. "어떻게 그렇게 책의 내용을 잘 기억하나요?"라고요. 자신은 독서 노트를 쓰지 않는다고 합니다. 노트 쓰는 시간이 아깝다고 말해요. 대신 같은 주제의 책을 여러 권 읽는다고 해요. 같은 주제의 책을 여러 권 읽을 때 중요 부분은 계속 반복됩니다. 그러면 노트 정리를 하지 않아도 자연스럽게 중요 부분들이 기억에 남게 됩니다.

저는 위 두 가지 방법을 다 사용합니다. 한 가지 주제를 여러 권 빠르게 읽으면서 중요 부분을 터득하고요. 그중에서 좀 더 정리가 필요하다고 생각하는 책은 정독하면서 꼼꼼히 다시 한 번 기록하는 편입니다.

다섯째, 챕터별로 초록합니다. 초록이란 발췌와 요약을 말합니다. 정약용과 정조도 사용했던 방법이지요. 시간이 걸리지만 초록하며 읽으면 책 요약이 쉽습니다. 문학적인 글은 흐름대로 초록을 쓰고, 비문학적 글은 저자의 주제 의식이 표면에 드러나 있기에 어떤 부분을 초록할 것인지 염두에 두고 읽습니다. 초록을 쓰면 책에서 저자가 말하고자 하는 핵심에 더 깊이 접근할 수 있습니다. 초록만 모아도 800~1,000자 분량으로 책 한 권을 쉽게 요약할 수 있습니다.

여섯째, 글을 씁니다. 느낀 것, 생각한 것, 떠오르는 이야기, 더 알고 싶은 것, 저자에게 묻고 싶은 것 등을 초록과 함께 메모해 두면 나중에 책을 읽고 나서 글을 쓰기가 쉽습니다.

이렇게 읽으려면 시간이 꽤 오래 걸리겠지요. 그러나 이런 식으로 책 한 권을 제대로 읽고 나면 책 한 권이 아닌 스무 권, 서른 권 분량의 독서와 맞먹는 독서력이 길러집니다. 그러나 많이 읽을 것이냐, 깊이 읽을 것이냐를 묻는다면 많이도 읽고 깊이 읽으라고 답하고 싶습니다.

질문을 위한 발췌독

북클럽 리더는 특별히 발췌독해야 합니다. 토론을 위해서 논제를 준비해야 하기 때문입니다. 질문이란 자신이 모르거나 의심나는 부분을 상대방에게 물어 대답을 구하는 과정입니다. 발제는 사고를 자극하고 발전시키기 위한 문제 제기라 할 수 있습니다. 정리하자면 질문이 답을 찾는 과정이라면 발제는 사고를 확장하는 과정입니다. 발제를 통해 문제를 제기하는 방식으로 독서토론을 진행해야 합니다.

질문과 발제라는 것은 인간의 능동적인 사고 형태입니다. 그 능동적인 사고 형태가 뇌의 구조를 바꾸어 줍니다. 뇌가 유연해야 다른 사상, 지식과 정보, 경험과 가치가 융합하고 협의할 수 있습니다. 책만 열심히 읽으면 독단과 독선이 생깁니다. 내가 아는 것만 정답이라고 생각합니다. 그러나 삶에 한 가지 정답이 있을까요? 각자의 정답을 찾아갈 뿐입니다. 한 가지 책을 같이 읽지만, 삶에 정답이 없음을 북클럽을 통해 알게 됩니다.

강의를 들을 때 우리의 뇌는 TV 시청할 때와 마찬가지로 부교감 신경이 활성화됩니다. 교감 신경이 비활성화되면서 우리는 편안한 심리 상태를 경험하게 되는데요. 이는 매우 수동적인 상태죠. 독서는 자기 주도적인 학습 능력과 의지가 있는 능동성을 요구합니다. 강의가 능동적 독서를 대신할 순 없습니다. 논제를 준비하기 위한 발췌독은 능동적인 독서입니다.

물론 많은 북클럽이 논제 없이 진행합니다. 논제를 준비하려면 읽으면서 함께 토론할 지점을 발췌해 놓아야 합니다. 그것을 정리하는 수고도 필요합니다. 나중에 다 읽고 나서 질문을 만들려면 생각이 잘 나지 않습니다. 읽으면서 중간에 '이건 함께 이야기해 볼 필요가 있겠다.', '함께 토론할만한 것이 될 수 있겠다.'는 부분은 따로 표시해 놓습니다.

이 과정이 번거롭고 귀찮을 수 있지만, 하다 보면 훈련이 되고, 책을 조금 더 비판적이고 객관적으로 읽게 됩니다. 읽는 중간에 책의 핵심 주제와 함께 토론할만한 것을 고민해야 하므로 더 적극적으로 책을 읽게 됩니다. 어느 지점을 발췌하는지에 따라서 논제의 질이 달라지는데요. 이것도 독해력과 더불어 계속 만들면서 감이 생깁니다. 논제를 만드는 챕터에서 좀 더 보충해서 말씀드리겠습니다.

꾸준함이 답이다.

북클럽 리더는 꾸준함이 필요합니다. 결국 꾸준한 사람이 성장하고 실력이 쌓입니다. 북클럽은 리더에게 강력한 환경설정이 되어 그들이 나중에 책을 쓰는 저자가 되기도 하고 강사가 되기도 합니다. 저자가 되고 강사가 된 사람들은 사실 꾸준히 읽고 쓰는 사람들이죠.

저는 20여 년 이상 강의를 해 왔습니다. 사실 퇴직 후에는 더 이상 강의를 안 하려고 했습니다. 그래서 6개월 정도는 들어온 강의를 거절도 했습니다. 그런데 어느 날 이렇게 살면 안 되겠다 싶어서 몇 달 전 거절했던 강의을 다시 하겠다고 했어요. 그런데 하고 나니깐 제가 다시 채워지는 거예요. 아무리 책을 많이 읽고 인풋만 하면 뭐 합니까? 결국 들어온 것을 글이든 강의든 책이든 어떤 형태로든 흘려보내야 또다시 채워지는 거죠.

무료 재능 기부 강의 하나를 했더니 그때 일어난 마음으로 북클럽 리더들을 위한 과정도 오픈하게 되었고요. 책을 다시 쓸 마음이 없었는데 강의를 하면서 이 내용을 책으로 정리해야겠다는 마음 또한 가지게 되었습니다. 꾸준히 읽고 쓰는 과정을 통해서 새로운 기회가 생기고, 그다음 콘텐츠와 할 일들까지도 연결됩니다.

책이 또 다른 책을 부르듯 말입니다. 꾸준히 읽고 기록하고 리더십을 발휘하는 과정에서 또 다른 기회가 열립니다.

북클럽 멤버 독서력 키우기

리더인지 멤버인지에 따라 독서법은 달라집니다. 완독을 안 해 오는 멤버도 있지만, 사실 책 한 권을 완독하는데서 끝내면 안 됩니다. 참여자는 독서토론 참여를 위한 독서를 염두에 두어야 합니다.

독서토론 참여 전에 책 읽은 소감, 인상 깊게 읽은 부분과 이유, 이해 안 되는 부분, 다른 사람의 관점을 듣고 싶은 부분을 미리 정리해서 참석해야 합니다. 준비해야 토론 중에 두서없이 내뱉는 말하기에서 벗어나 정리된 말하기가 가능해집니다.

사실 이는 북클럽에 참가하는 기본 예의이기도 한데요. 2시간 북클럽을 진행한다면 이 시간은 모두에게 매우 소중합니다. 좀 더 생산적인 모임이 되기 위해서는 타인의 말을 잘 경청해야겠지만 나도 준비된 한 마디를 보태야 모임에 도움이 되는 거잖아요. 그런데 하나도 준비를 안 하고 책도 안 읽고 참여하면 그것은 자신에게뿐 아니라 서로에게 예의가 아닙니다. 어쩔 수 없는 상황 때문에 한두 번은 그럴 수 있어도 계속 그런 자세는 자신과 서로의 성장에 아무런 도움이 되지 않습니다.

정서적인 치유와 안정을 얻기 위해서 북클럽에 참가하는 분들도 많습니다. 이 욕구도 매우 중요합니다. 제가 속한 한 북클럽은 처음 참여할 때 참여 동기 및 독서와 관련된 흥미 및 습관 욕구를 파악하기 위해 간단한 설문지를 작성하게 합니다. '왜 북클럽에 참여하려고 하나요?'라는 질문에 가장 높은 비율로 나온 것이 '정서적인 위로와 치유'였습니다. 초개인화로 파편화되어 있는 현대 사회입니다. 혼자가 편하기도 하지만, 우리 모두에게는 사회적으로 연결하고자 하는 기본 욕구가 있습니다. 북클럽도 이제는 이런 욕구를 무시할 수 없죠. 그런데 정서적인 위로는 북클럽이라는 공간에 참여할 때만이 아니라 책을 깊이 나눌 때 더 채워집니다.

독서력 키우기

북클럽에는 다양한 독서력을 가진 멤버들이 참여하게 됩니다. 특히 북클럽에 처음 참가해 보거나, 책을 꾸준히 읽어본 경험이 없는 멤버인 경우는 책 한 권 읽는 것에도 좌절감을 많이 경험합니다. 리더는 헬스 PT와 같이 독서 PT가 되어서 옆에서 응원하는 코치가 될 필요가 있습니다.

"독서초보자의 책 읽기를 어떻게 도울 수 있을까요?"

우선 내 수준과 필요에 맞는 흥미 있는 책을 읽으세요. 아무리 누군가가 추천하는 좋은 책이라도 지금의 내 필요와 맞닿아 있지 않다면 흥미가 생기지 않습니다. 현재 자신의 필요와 맞닿아 있는 책이 가장 즐겁게 몰입해서 읽을 수 있는 책입니다.

"책을 추천해주세요!"라는 말을 들을 때 사실 가장 난감하기도 합니다. 그 사람을 위한 책 추천은 충분한 대화를 통해 그의 필요를 안

이후에 할 수 있거든요. 인생 책, 추천 도서 목록에 올라온 책이 모두에게나 적용되지 않는 이유입니다. 물론 대부분의 사람에게 해당하는 좋은 책도 있긴 합니다. 그래서 서로에게 책을 추천해 주는 일은 아름다운 일이죠. 또 같은 책이라도 시기에 따라 달라질 수 있겠죠. 나의 필요와 관심사는 끊임없이 변하기 때문입니다.

쉬운 책은 꼭 성인 도서가 아니어도 됩니다. 그 분야의 쉬운 개론서일 수도 있고요. 청소년 도서일 수도 있습니다. 한번은 북클럽에서 NFT에 대한 책을 읽었습니다. 저 또한 그 분야에 대한 책은 처음이라 모르는 용어투성이였습니다. 이때 우선은 그 분야의 배경지식과 어휘력을 늘릴 필요가 있습니다. 같은 책을 여러 번 읽는 것도 좋고요. 쉬운 개론서나 청소년 도서를 읽으면서 그 분야의 용어에 익숙해지다 보면 그다음 책은 더 쉽게 읽어갈 수 있습니다.

이를 위해서 도서관에 가서 끌리는 책 10~20권을 아무거나 빌려옵니다. 다 읽지 않아도 됩니다. 그중 2~3권 읽어봅니다. 그리고 반납합니다. 이와 같은 사이클을 반복해 갑니다. 이렇게 꾸준히 읽어가는 것이 중요합니다. 자신의 흥미와 관련된 책을 읽어간다면 꾸준히 읽을 수 있게 될 뿐 아니라 책 읽기의 즐거움 또한 알게 됩니다. 그렇게 되면 책이 또 다른 책을 불러오기도 하고, 현재는 이런 관심사지만 다른 분야의 관심사로 점차 확장하게 됩니다.

이렇게 꾸준히 읽어갑니다. 한 분야를 깊게 읽어가는 것도 좋고요. 다양한 분야의 책들을 폭넓게 읽어가는 것도 중요합니다. 넓고 깊게 읽어 가십시오. 한 분야의 책을 읽어감으로 그 분야의 전문가가 되도록 노력하십시오. 그러나 이제 한 우물만 파는 사람의 시대는 지났습니다. 문과 이과의 융합형 인재를 원합니다. 한 분야를 파되, 거기에 머물지 말고, 다양한 분야의 관심사를 확장해 가야 합니다. 거기서 새로운 융합과 창조적인 아이디어들이 재탄생됩니다.

읽을수록 능숙한 독서가로

초보 독서가는 책을 만나면 무턱대고 읽어나갑니다. 심지어 제목도 지은이도 모른 채 읽기부터 합니다. 그러나 능숙한 독서가는 책의 내용은 뒷전입니다. 먼저 앞뒤표지, 제목과 특징을 드러내는 핵심 문구, 전체를 구성하는 뼈대인 차례 등을 통해 책의 전체를 먼저 파악합니다. 서문을 꼼꼼히 읽으며 저자가 이 책에서 말하고자 하는 핵심을 먼저 파악합니다. 그리고 독자로서 이 책에서 가져올 수 있는 것이 무엇인지 먼저 결정합니다. 그리고 나서야 읽기에 들어갑니다.

능숙한 독서가는 책을 꼭 처음부터 순서대로 읽지 않아도 된다는 유연성을 가지고 있습니다. 뿐만 아니라 책을 읽다가 중단도 합니다. 자신의 목적과 맞지 않는 책이거나 더 이상 흥미를 느끼지 못한다면 진행을 멈추고 과감히 책을 덮는 거죠. 모든 책을 항상 끝까지 탐독하라는 법은 없으니까요. 때로는 필요한 대목만 발췌해서 읽거나 전체를 빠르게 훑어 봅니다. 하지만 정말 유익한 책은 두고두고 반복하고 숙독해서 자신의 것으로 소화합니다. 한 책을 읽더라도 어떤 부분은 빠르게 읽고, 어떤 부분은 느리게 읽습니다. 능숙한 독서가는 이 모든 것을 필요에 따라 사용하고 책마다 다른 읽기법을 구사합니다.

이 사람이 누구인지 맞추어 보십시오. 아침 9시부터 저녁 7시까지 하루 열 시간 동안 같은 자리에 앉아 책을 읽습니다. 그렇게 읽은 시간이 30년이 넘었다고 해요. 신혼여행지에 40권이 넘는 책을 들고 갔습니다. 셰익스피어는 발자크와 함께 그가 평생 좋아했던 작가 중 한명이라고 합니다. 문학을 사랑했고 그 외에도 경제학, 철학 분야도 섭렵했습니다. 세상의 모든 책을 읽을 기세였지요. 누구일까요?

한 시대의 패러다임을 바꾼 사상을 내 놓았던 『공산당 선언』과 『자본론』을 쓴 마르크스입니다. 이는 그의 독서의 산물이었죠. 그에게 책은 세상을 탐구하는 통로였고, 세상을 변화시킬 힘이 담긴 보물이었던 것이죠. 그는 도서관의 남자였습니다.

북클럽 리더는 다양한 독서가의 사례로 멤버들을 가끔 동기부여해 줄 필요가 있습니다. 과거에는 책 좀 읽었다고 하는 많은 어른들이 수년의 독서 공백기를 거치고 다시 읽으려니 지금은 안 읽힌다고 좌절감을 고백합니다. 우리나라 독서률은 청소년을 기점으로 해서 계속 떨어져서 20~30대를 지나면서 다양한 이유로 성인이 되면 가장 낮아집니다. 운동도 하지 않으면 근육이 손실되듯이, 독서력도 읽지 않으면 그 능력이 줄어듭니다.

그러나 희망적인 것은 다시 읽기 시작한다면 읽는 능력도 다시 회복된다는 것입니다. 세계적 언어인지학자인 메리언 울프에 따르면 문해력은 사피엔스가 이룩한 성취 가운데 가장 많은 노력을 요하는 후천적 능력이다라고 말합니다. 아무런 노력 없이 주어지는 선물이 아니라 불굴의 의지와 피나는 노력으로만 획득할 수 있는 능력이라는 것입니다. 멤버의 독서근육을 키워주는 북클럽 리더가 되기를 응원합니다.

글쓰기 과제

향후 3개월 또는 6개월 북클럽 리더(or 멤버)로서 독서력을 키우기 위해서 어떤 노력을 할 수 있을지 계획을 세워보고 적어봅시다.

긍정확언

나는 북클럽 리더(or 멤버)로 더욱 능동적인 독서가가 될 것이다.

02 북클럽 리더의 글쓰기

읽는 사람은 결국 쓰는 사람

북클럽을 운영할 때 리더나 멤버는 각자 책을 읽고 옵니다. 읽기에서 시작하지만 결국 글쓰기를 지향해야 합니다. 독서가 최종적으로 바라봐야 할 것은 '삶의 변화'입니다. 그러나 그 변화를 낳기 위한 과정에서 책과 나의 괴리를 좁혀가기 위한 글쓰기가 있습니다. 글을 쓰면 '책'에서 '나'로 시선이 옮겨지고, 나를 집중해서 자세히 관찰하게 되고, 삶을 보듬어가게 됩니다. "저는 책은 그래도 조금 읽겠지만 글은 못 쓰겠어요."라구요? 아닙니다. 여러분이 계속 읽는 사람이 된다면 쓰는 사람도 될 것입니다.

저의 경우, 원래 글을 쓰는 사람은 아니었어요. 보통 책을 쓰는 사람 중에 일기든 뭐든 어떤 형태로든 기록을 꾸준히 해 온 분도 많으신데요. 저는 기록하는 것을 그리 좋아하지 않았어요. 기록해도 꾸준히 하지 못했습니다. 20년 이상 강의를 해야 했으니 강의를 위해

원고 작성하는 정도였습니다. 그러나 책은 꾸준히 읽어왔습니다.

그런데 읽는 속도가 조금 빨라지고 다양한 책을 읽어가고, 이렇게 인풋을 계속하다 보니, 어딘가에다가 털어놓을 공간이 필요했습니다. 뒤늦게 블로그와 인스타그램 계정을 만들고, 무언가를 끄적거리기 시작했습니다. 4~5년 전부터는 책을 쓰고 싶더라고요. 읽기만 하는 것이 너무 억울한 거예요. 왜 남의 책만 내가 읽어야 하지. 나도 뭔가 쓰고 싶다라는 욕구가 올라오더라고요.

요즘은 SNS 마케팅 차원에서도 블로그와 인스타그램, 유튜브 등 여러 가지 플랫폼을 활용해야 한다고 여기저기서 강조하는데요. 저는 책을 오랫동안 읽어오면서 그저 어딘가에 쏟아놓고 싶어 처음 블로그와 인스타를 시작했습니다.

그러다가 퇴직 후, 제 삶을 한번은 글로 정리해야 앞으로 나아갈 수 있겠다는 마음에 본격적으로 글을 쓰게 되었지요. 책이 요즘에는 명함도 되고 브랜딩도 되지만, 저는 사실 제 삶을 정리하고 싶은 욕구가 가장 컸던 거지요. 그리고 그 경험을 사람들과 나누고 싶었습니다. 제가 빠르게 개인저서를 쓰고, 서너 권의 책을 공저로 낼 수 있었던 것은 그동안의 독서를 통한 인풋이 가득 차 있었기 때문입니다. 읽는 사람은 결국 쓰는 사람이 됩니다. 먹었으면 뱉어내야겠죠.

리더의 필수역량 글쓰기

최고의 리더는 글을 씁니다. 『최고의 리더는 글을 쓴다』라는 책의 저자는 리더의 글쓰기에서 다섯 가지를 강조하며 이야기합니다. 첫 번째는 리더는 설득을 위해서 글을 씁니다. 즉 지지와 힘을 모으기 위해서이죠. 대통령의 연설문 같은 책들도 있지요. 리더는 늘 말을 하지만 그 모든 것은 글을 기반으로 하고 있어요. 요즘은 정치인들이 SNS를 잘 활용합니다. 그들의 메시지는 끊임없이 뉴스거리가 되지요. 짧은 글이든 긴 글이든 그들은 영향을 미치기 위해서 글로 소통합니다. 북클럽 리더라면 사람들에게 모집과 운영에 관한 것뿐 아니라 독서와 글쓰기, 북클럽 권면 등 동기부여를 하기 위해서 글을 써야 합니다.

두 번째는 판단력을 위해서 글을 씁니다. 즉 결정과 판단을 내리기 위해서인 거죠. 글을 쓰면 더 정확한 사람이 된다는 말이 있지요. 글을 쓰면 계속 자신이 하는 일에 대한 근거를 찾고 논리를 만들게 됩니다. 그래서 결정과 판단할 힘도 강화됩니다. 북클럽을 처음 시작할 때뿐만 아니라 과정에서 모임을 계속 유지해야 할지, 멤버들에게 어떤 권면을 해야 할지 등 소통이 필요할 때마다 작지만 결정이 필요한 순간이 옵니다. 때마다 정확한 판단력을 위해서 글을 써야 합니다.

세 번째는 남과 다른 나를 위해 글을 씁니다. 즉 브랜딩을 위해서이지요. 요즘엔 전자책이나 책 쓰기를 원한다면 글쓰기 능력과 상관없이 누구나 쉽게 낼 수 있는 시대가 되었습니다. 1인 출판사도 많고요. 전자책으로도 쉽게 책을 낼 수 있습니다. 내 글이 책으로 나오는 과정을 경험하는 것은 짜릿합니다. 많은 이들은 글을 씀으로 자신을 브랜딩하고자 하는 욕구를 가지고 있습니다. 독서 모임으로도 브랜딩이 될 수 있습니다. 자신만의 차별화된 기획, 모임 방향 등은 커뮤니티가 되고 자신을 나타내는 콘텐츠가 될 수도 있지요.

네 번째는 상품을 팔기 위해 씁니다. 즉 마케팅을 위해서지요. 마케팅하려면 당연히 글을 써야 합니다. 상품이든 지식이든 그것을 판매하기 위해서는 그에 맞는 글을 쓰면 됩니다. 마찬가지로 무료이든 유료이든 북클럽 모집과 홍보를 위해서 참가자의 필요를 잘 건드리는 글을 써야겠지요.

다섯 번째는 목표를 달성하기 위해 씁니다. 개인도 그렇겠지만 당연히 리더란 팔로워가 있는 사람입니다. 작든 크든 커뮤니티가 있는 사람들이죠. 최고의 리더는 목표를 뚜렷이 하고 그것을 글로 적어 시각화해서 전달하는 것이 필요합니다. 그것을 실행하는 과정에서 사람들의 지지를 얻어냅니다. 북클럽 리더는 6개월, 1년 동안의 북클럽 목표, 독서 계획과 책 선정, 운영 원칙 등을 정리해서 나아갈 방향성과 비전을 제시해야 합니다. 멤버들이 어느 정도 정해지면 함께 목표와 그 아래 구체적인 전략을 만들어가면 더 좋습니다.

이 외에도 북클럽 리더의 글쓰기에 있어 중요한 두 가지가 있습니다. 북클럽에서 이루어질 토론을 위해서 논제를 만드는 글쓰기, 모든 토론이 끝난 후 전체 토론 후기들을 모아 정리하는 글쓰기입니다. 이것은 이후에 이어서 다루겠습니다.

글쓰기의 영향력

하버드 학생들이 가장 갖고 싶어 하는 능력 1위가 무엇일까요? 글쓰기 능력이라고 합니다. 하버드는 글쓰기 센터가 따로 있을 정도로 훌륭한 학교입니다. 미국이라는 나라는 초등학교 때부터 글쓰기 훈련을 체계적으로 시킵니다. 그럼에도 글을 더 잘 쓰고 싶다니, 글쓰기는 다양한 영역에서 리더들이 가장 갖추어야 할 덕목 중 하나임을 부인할 수 없는 거죠.

미국은 초등학생부터 무조건 쓰라 하지 않고 구체적으로 글쓰기를 가르칩니다. 교육청에는 프로그램 개발 전문팀 구성되어 있습니다. 고등학교에서는 90분 수업하며 충분히 생각하면서 쓸 수 있게 합니다.

시카고 대학은 석유 재벌 록펠러의 출연으로 설립된 대학인데요. 1929년 로버트 허킨스 총장 취임 후 '시카고 플랜'을 추진했습니다. 이는 고전 100권 읽고 구술시험을 통과해야 졸업이 가능한 독서 교육 프로그램임을 앞에서도 한 번 언급했는데요.

이 대학에서 논술은 필수 과목입니다. 입학 후도 글쓰기 교육을 계속하며 필수 수강해야 하는 '논증 글쓰기 수업'과 토론 중심의 수업과 일대일 첨삭 지도로도 유명합니다. 한 학기 동안 글쓰기에만 집중함으로 실력을 향상시킵니다. 자기 생각을 상대방에게 명확하고 논리 있게 전달하는 능력이 중요하다는 것을 충분히 알기 때문입니다.

SNS의 발달로 이제 모두 쓰는 시대가 되었습니다. 사람들은 더 잘 쓰기 위해서 노력합니다. 글쓰기에 완성은 없습니다. 베스트셀러 작가들도 늘 다음 글을 쓰기 위해서는 하얀 백지의 공포를 대면해야 한다고 하잖아요.

뇌를 자극하는 글쓰기

전두엽의 가장 큰 기능은 생각을 정리하는 것입니다. 책을 읽을 때 기호일 뿐인 글자를 시각 정보를 통해 전두엽으로 보내고, 뇌에서는 글의 맥락을 이해하기 위해 전두엽이 계속 자극되는데요. 이러한 과정을 통해 사고의 힘이 세집니다. 반면 TV를 시청하거나 컴퓨터 게임을 할 때 생각의 기능을 하는 전두엽이 전혀 자극되지 않습니다. 전두엽을 활성화하기 위해서는 TV를 시청하거나 독서할 때 그저 정보를 받아들이는 것에서 끝내지 말고 자신의 생각을 한 번이라도 정리해 보는 과정이 필요합니다.

손은 제2의 뇌라고도 하지요. 주먹을 쥐고 두 손을 합쳐 모으면 대뇌의 모양과 비슷하게 닮았습니다. 일본의 뇌 과학자 구보타 기소우는 『손과 뇌』에서 손을 자주 사용하면 전두엽이 활성화되기 때문에 전두엽의 모든 영역이 개발될 수 있다고 말합니다. 특히 인체의 뼈는 총 206개인데, 이 중 4분의 1에 달하는 오십 네 개가 양손에 있을 정도로 관절이 많아 다양한 손의 움직임은 뇌를 자극할 수 있다고 해요. 손을 사용해야 머리도 똑똑해집니다. 부지런히 손을 놀립

시다. 읽을 뿐 아니라 부지런히 글을 씀으로 머리도 활발히 작용하도록 말이지요.

펜의 힘

〈미스터 션사인〉이라는 드라마가 있습니다. 일제 강점기에 독립운동을 하는 한 여자와 그녀를 사랑하는 세 명의 남자가 주인공으로 등장합니다. 그중 희성이라는 이름을 가진 한 남자는 신문사를 운영합니다. 그에게 여자 주인공은 정혼자이기도 했지만, 일본인들에게는 폭도라 불리는 여인이었습니다. 그는 평상시에는 그저 뚜렷한 직업이 없이 노는 것처럼 보입니다. 그러나 드라마가 끝을 향해 가면서 그가 가지고 있는 '펜의 힘'이 효력을 발휘합니다.

그는 이름 없는 신문사를 운영하다가, 일제의 횡포와 진실에 관해서 쓴 글들을 배포합니다. 이것은 죽음을 각오한 일이었습니다. 암울한 시대에 진실을 전하는 이들의 숙명입니다. 자신이 찍은 사진과 글을 땅속에 묻고 난 후 일제에 잡혀갑니다. 그는 죽기 전 고문받는 중에 마지막 한 마디를 남기는데요. 다음과 같습니다.

"아름답고 무용한 것들을 좋아하오."
"꽃, 웃음, 농담 그런 것들 좋아하오."

그렇습니다. 글도 굉장히 무용한 듯한데 힘이 있습니다. 인간이 문자를 개발하고 기록해 오며, 그 후손들은 그 기록의 유산을 통해 거인의 어깨에 올라 이렇게 진보해 왔지요. 우리의 기록도 무용한 듯하지만, 후손은 우리의 기록을 통해서 더 나아지리라 믿습니다. 미스터 션샤인의 그 펜을 가진 남자주인공처럼 글을 통해서 사회적 영향력을 미칠 수도 있습니다.

우선 독서력을 키우고, 토론과 글쓰기를 통해 생각하는 힘을 키웁시다. 정보와 지식을 넘어 융합과 연결, 창조하는 공부를 해 갑시다. 그때 필요한 것이 글쓰기 공부입니다. 글쓰기는 생각하는 힘을 키워 줍니다. 독서도 우리의 뇌를 자극하지만, 거기에서 머물면 안 됩니다. 더욱 정교한 사고의 힘을 키우기 위해 글을 써야 합니다. 쓰기 위해서 읽어야 합니다.

이제 읽기만 하는 독서에서 쓰기 위한 독서로 넘어가야 합니다. 우리가 알고 있는 지식이 지혜로 이어져야 합니다. 아웃풋이 될 수 있는 독서가 되어야 합니다. 적은 지식으로도 지혜를 발휘하는 경우가 많습니다. 단순히 많이 읽는 것이 중요하지 않습니다. 독서가 지혜로 이어져야 합니다. 이때 필요한 것이 글쓰기입니다.

북클 리더의 글쓰기 근력 키우기

북클럽 리더는 큰 기업을 운영하는 CEO는 아닐지라도 작은 모임의 리더입니다. 어떤 모임을 이끈다는 것은 영향력이 있음을 말합니다. 그 영향력을 발휘할 수 있는 통로 중 하나가 글입니다. 설득하고 소통하고 홍보하기 위해서는 기본적인 글쓰기 능력을 갖추어야 합니다.

그리고 우리가 글을 쓰는 이유는 생각하지 않는 삶을 멈추기 위해서입니다. 책을 통해 한 번 더 고민하고 사고하고 이렇게 사는 게 맞는지, 이 사람은 이렇게 살았는데 나는 어떻게 살아야 하는지를 질문하며 나만의 삶을 찾아가는 길입니다. 책이 자극을 주는 것에서 그치지 않고, 글을 쓰면서 한 번 더 반추하고 성찰하고 나를 다듬질합니다. 이는 내 삶을 찾아가는 과정입니다.

종이 위에서 사고하라

"북클럽 리더의 글쓰기 근육을 어떻게 향상시킬 수 있을까요?"

먼저, 좋은 글을 많이 읽어야 합니다. 인풋이 있어야 아웃풋이 나옵니다. 최재천 교수님에게 글을 잘 쓰는 비결에 대해 묻자 이를 강조했습니다. 수 권의 장편소설을 연달아내는 조정래 작가도 글을 쓰기 위해서는 많이 읽고 많이 생각해야 한다는 것을 말했습니다. 재능으로 한 권의 베스트셀러를 만들 수는 있지만 꾸준히 많이 읽고 생각하지 않으면 더 이상의 책은 나올 수 없다는 것이지요. 흘러 넘쳐야 합니다. 인풋을 계속 해야 합니다.

두 번째, 필사합니다. 많은 작가가 자신이 좋아하는 작가의 글을 필사하면서 글쓰기를 배웁니다. 명언을 필사하거나 책 속의 좋은 글귀를 따라 쓰는 것은 문장력을 향상시키거나 그 문장 속에 담겨 있는 깊은 세계관을 흡수할 기회가 됩니다. 좀 더 나아가서 한 문단, 혹은 하나의 주제가 담긴 글 전체를 필사해 보는 것입니다. 칼럼, 수필, 소설 등 한 문단, 서너 문단을 필사해 봅니다. 이후 필사에서 그치지 않고 그것을 분석해보고, 문단 간 논리적 구조를 따져 본다면 더욱더 효과적입니다.

세 번째는 나만의 언어로 요약해 봅니다. 챕터별로 요약해 보고, 책 전체를 요약해 봅니다. 칼럼이라면 칼럼 전체를 한 문단으로 요약해 보는 것입니다. 요약은 책에서 빠져나와 나만의 생각과 언어로 글을 다시 써 보는 것이기에 제2의 창조가 됩니다. 그래도 요약이 힘들다면, 책을 읽고 핵심 키워드 몇 개를 뽑아 봅니다. 그 키워드를 연결해 한 문단을 적어봅니다. 키워드 하나마다 한 문단을 써서 서너 개의 문단을 만들어봅니다. 그리고 각 문단의 순서를 논리적 흐름으로 구조화시켜 봅니다. 필사와 요약은 평상시에 가장 쉽게 글쓰기 근육을 키울 수 있는 훈련입니다.

종이 위에서 생각하는 사람들은 구조화에 능합니다. 짧은 키워드만 나열해서 논리를 펼쳐나갑니다. 『2000자를 쓰는 힘』의 저자 사이토 다카시는 '키워드 선정'과 그것의 '연결'에서 독창성이 나온다고 말합니다. 키워드를 연결하면 명쾌한 논리가 만들어지고 그것이 가치를 창조합니다.

네 번째, 하나의 글감을 가지고 주제 글쓰기를 해 보는 것입니다. 글의 형태는 에세이가 될 수도 있고 칼럼이 될 수도 있습니다. 글감을 어떻게 정해야 할까요? 글 쓰는 사람을 사냥꾼이라고도 합니다. 일상 속이든 책을 읽는 중이든 스쳐 지나가는 글감을 재빠르게 사냥꾼처럼 잡아채야 하는 거죠. 안 그러면 글감을 흘려보내게 됩니다. 글감은 널려 있는데 우리가 그것을 못 낚아챌 뿐입니다.

마지막으로 퇴고하는 단계입니다. 헤밍웨이는 "모든 초고는 쓰레기다"라는 유명한 말을 남겼는데요. 퇴고 후 일주일 묵히고 한 번 더 퇴고하면 자신의 글이 또 새롭게 보입니다. 이 과정을 서너 번 반복합니다. 저도 이 책을 쓰면서 몇 번을 반복했습니다. 그때마다 고칠 것이 보입니다. 퇴고는 한 번이 아니라 여러 번 할수록 좋겠지요.

'종이 위에서 생각하라'라는 말처럼 글이 가진 힘을 잘 표현한 것도 없습니다. 우리는 생각을 머리로만 하는 것이라 믿는데요. 생각을 머리로만 하면 계속 똑같은 생각이 맴도는 것을 경험하셨을 거예요. 머릿속 생각은 복잡하고 혼란스럽습니다. 정리가 잘되지 않습니다. 이때 종이 위에서 정리해 보면 정리가 되고 질서가 잡힙니다. 흐릿했던 생각이 선명해지고 보이지 않던 생각이 눈앞에 생생하게 보이는 경험을 하게 됩니다. 종이 위에서 생각하십시오.

북클럽 안에서 글쓰기, 어떻게 도울 수 있을까요

대부분의 북클럽에서는 우선 책을 읽고 토론을 하는 것에 집중합니다. 그러나 결국 읽는 사람이 쓰는 사람으로 변화해가는 것처럼 읽는 모임도 쓰는 모임으로 발전해가야 합니다.

북클럽에서 시도해 볼 수 있는 글쓰기 방법으로 우선 몇 가지 방법을 추천해 드립니다. 첫 번째는 미니 글쓰기입니다. 읽는 모임을 아예 글쓰기 모임으로 전환할 수도 있겠지만, 독서 초보가 많은 북클럽에서는 글쓰기는 아직 부담됩니다. 그래서 토론과 함께 가볍게 병행할 방법으로 10분이나 15분 정도 몰입해서 짧게 글쓰기를 해보기를 추천합니다. 토론이 끝난 후 토론 내용을 정리하면서 10~15분 정도 함께 글을 써 봅니다.

저는 아이들과 북클럽을 할 때도 이 시간을 꼭 갖습니다. 문법을 강조하지도 않고, 분량을 강요하지도 않습니다. 몇 문장 못 써도 좋고 많이 써도 좋다고 말합니다. 완성된 글이 아니어도 좋다고 덧붙입니다. 책과 관련된 글감을 주거나, 미니 독후감을 써 보게 합니다. 우선 자유롭게 글을 쓰게 합니다. 한 문장이라도 써 보는 것이 중요하다고 강조합니다. 왜냐하면 그 한 문장이 또 다른 한 문장을 불러오기 때문입니다. 글쓰기 맛을 경험해 보는 것이 우선입니다. 한 아이의 어머니는 자기 아이가 책은 읽는데 글쓰기는 두려워했다고 해요. 그런데 미니 글쓰기 시간을 통해서 글쓰기를 즐거워하게 되었다고 전해 주셨어요.

두 번째는 멤버들의 글쓰기 실력을 향상하기 위해서 필사를 권유합니다. 필사는 노트에 해도 좋고, 컴퓨터나 톡에 해도 좋습니다. 『태백산맥』의 작가 조정래는 '필사란 책을 되새김하는 과정'이라고 했습니다. 필사는 가장 쉽게 글쓰기를 시작해 볼 수 있는 방법이며 손으로 읽는 독서라고도 말할 수 있습니다. 특히 북클럽이 시작되기 일주일이나 열흘 전에는 자신이 읽고 있는 부분에서 와 닿는 문장을 발췌해서 단톡방에 올리도록 합니다. 이는 독서 습관이 잡히지 않는 회원들에게는 함께 끝까지 읽을 수 있도록 동기부여 할 수 있는 방법입니다.

읽고 토론하는 모임이 깊어지면 회원들의 글 쓰는 욕구도 스멀스멀 올라옵니다. 미처 생각하지 못한 삶의 문장들을 책 속에서 만나고, 나와 다른 의견을 들으면서 많은 깨달음을 얻습니다. 책모임을 하며 생기는 여러 생각과 감상을 마냥 흘려버리기에는 아깝다는 생각이 듭니다. 이렇게 책모임을 통해 경험의 깊이를 더하면 글감도 풍부해집니다.

책모임이 어느 정도 숙성이 되면 글쓰기 모임으로 전환할 수도 있고요. 책모임 안에서 글을 쓰고자 하는 사람만 따로 글쓰기 모임을 진행해볼 수 있습니다. 읽고 써 온 글을 나눕니다. 합평할 수 있는 사람이 있으면 좋지만 없어도 무한한 응원과 칭찬만으로도 좋습니다. 사람들은 글로 자신을 드러내도 괜찮을지 걱정합니다. 『무엇이든 쓰게 된다』의 저자 김중혁은 "특별할 필요가 없다. 오래 하면 특별해진다"라고 말합니다. 가장 먼저 할 것은 함께 글 쓰는 친구와 쓰고자 하는 마음뿐입니다.

저는 다양한 글쓰기 모임에 참여해 보았고, 제가 만들어 운영도 했는데요. 한 글쓰기 모임은 매일 글감을 주며 한 달 동안 진행했습니다. 짧은 글들이었고 서로 얼굴 한번 보지 못했지만, 글로만 소통해도 깊은 교감이 이루어졌습다. 온라인 모임은 지역과 상관없이 참여할 수 있기에 부산, 울산, 수원, 춘천 등에서 참여해 주셨는데요. 글로 소통하는 묘미는 또 다릅니다. 말보다 더 깊게 흐르는 정서가 있습니다. 잘 쓰든 못 쓰던지 말입니다.

그 외에도 좀 더 적극적으로 글 쓰는 모임으로 전환하고 싶다면, 다양한 창작 글쓰기를 시도해 볼 수 있습니다. 사진이나 그림 보고 글쓰기, 서평 쓰기, 에세이, 블로그 글쓰기, 서평이나 리뷰 쓰기, 자서전 쓰기 등 말입니다. 책모임을 하다 보면 자연스럽게 글쓰기에 관심이 모아집니다. 감상을 정리하거나 토론 후기나 독후감이 쓰고 싶어집니다. 처음에는 글쓰기에 관심 없던 이들도 책모임을 하면서 작문 의욕을 내비칩니다. 다양한 글쓰기를 시도해 보세요.

책 읽기와 글쓰기는 상승효과를 가져옵니다. 북클럽 리더는 글쓰기를 독서의 연장선이자 새로운 시작으로 받아들일 수 있도록 멤버를 격려해 주세요. 독서의 맛을 보았다면 글쓰기의 맛도 볼 수 있는 공간이 되도록 말이지요.

03 북클럽 리더의 말하기

말하는 시대

북클럽 리더을 위한 강의 중 '말하기'가 주제인 파트가 있었어요. 이런 질문으로 시작했습니다.

"말을 잘하는데 소음 같은 사람이 되고 싶으세요?"
"말은 적은데 무언가 메시지를 전해주는 사람이 되고 싶으세요?"

"아빠가 좋아? 엄마가 좋아?"와 같은 질문이죠. 물론 말도 잘하면서 메시지도 있다면 가장 좋겠죠. 반면 말도 적으면서 메시지도 없는 사람도 있을 거예요. 북클럽 리더가 되고 싶지만, 또는 멤버로 활동하고 싶지만 말하는 것이 두려워 시작을 못 하는 사람이 은근히 많습니다. 원래 말수가 적은 사람, 말수가 많더라도 공적인 공간에서 자신의 이야기를 잘 꺼내 보지 못 한 사람은 말할 기회 자체가 적어서 그렇습니다.

읽고 쓰는 것이 굉장히 개인적인 활동이라면, 말하기와 듣기는 혼자서 할 수 없습니다. 타인이 있어야 합니다. 말하려면 듣는 사람이 있어야 하고, 들으려면 말하는 사람이 있어야 합니다. 우리는 이 말하고 듣는 과정을 '소통'이라고 부르는데요. "저 사람 소통 잘해"라고 할 때 이 두 가지를 잘하는 사람에 해당합니다.

말하기와 수다

수다와 말하기의 차이점이 있을까요? 우리는 일상에서 많은 말들을 쏟아냅니다. 그러나 일정의 형식이 없습니다. 일상에서의 말은 수다입니다. 특히 여성들의 수다는 주제가 매우 왔다 갔다 합니다. 수다가 어디로 튈지 모르는 것이죠. 수년 전 제가 속했던 일터에서 제가 한 여성 후배 직원과 수다를 떨고 있었습니다. 두 여자의 수다를 보고 있던 한 남자 후배가 참 이상하다면서 고개를 갸웃거리더라고요. 끊임없이 이 얘기 저 얘기를 왔다 갔다 하는데 대화가 끊이지 않고 이어진다는 것이 이상하다는 거예요. 수다는 이처럼 어떤 형식이 없고 자유로움이 있습니다.

수다와 다르게 말하기는 강의나 강연 등 형식이 어느 정도 갖춰진 스피치라 볼 수 있습니다. 3분, 15분 짧은 강연이라도 말이에요. 일정한 형식이 갖춰진 곳에서의 말하기는 하나의 주제에 관해서 이야기합니다. 수다처럼 주제가 왔다 갔다 하면 듣는 사람이 집중할 수 없을 뿐만 아니라 피로도가 쌓입니다. 한 가지 주제를 중심으로 이야기를 풀어가야 합니다.

주제 의식만으로는 부족합니다. 말하는 연습이 더해져야 합니다. 이를 연습할 수 있는 가장 좋은 공간이 북클럽입니다. 사람은 논리가 있어 말을 하기도 하지만, 말을 하면서 논리를 만들어 갑니다. 생각과 말 사이에는 큰 괴리가 있을 수도 있고요. 알고 있는 것을 말로 표현하는 것은 또 다른 문제입니다. 알고 있는 것이라도 다른 사람에게 제대로 전달하는 연습이 꼭 필요합니다. 표현하는 과정에서 어떤 부분이 부족하고 논리가 더 필요한지도 발견하게 됩니다. 다른 사람을 통해서도 내 생각의 폭이 더 확대되어 논리를 보충할 수도 있습니다.

모두가 말하는 시대

모두가 말하는 시대를 살고 있습니다. 초등학생이 되고 싶은 직업 중 하나에 유튜버가 있을 정도로 우리는 자신을 적극적으로 표현하는 시대를 살고 있습니다. 세상에 나를 알리고 소통하는 일로 밥벌이하는 시대인 거죠. 밀레니얼 세대보다 더 아래 세대를 알파 세대라고 부르는데요. 그들은 모두 '내가 주인공'이라는 생각을 가지고 살아간다고 해요. 누구 눈치를 볼 필요도 없고, 내가 연예인이기에 내가 주목 받아야 하는 것이죠. 이런 세대에게 말은 자신을 표현하는 아주 중요한 수단이 될 것입니다. SNS에는 유튜브, 라이브 커머스와 같이 말을 기본으로 하는 다양한 플랫폼들이 확장되고 있습니다. 다양한 커뮤니티에서 스피치로 자신의 지식과 경험을 나누려고 하는 사람들이 넘쳐나고 있습니다. 책을 쓴 후 강의 요청이 들어와도 어려워하는 작가들도 많다고 해요. 글과 말은 다르기 때문입니다.

이제 두 가지를 모두 잘할 수 있는 능력을 가진 사람을 시대가 원합니다. 리더가 되려면 글도 잘 써야 하지만 말도 잘해야 하는 것이지요. 현재는 자기 PR시대입니다. 본인의 생각과 능력을 남에게 알려서 자신의 가치를 높여야 하는 시대입니다. 이때 말하기는 큰 자산이 됩니다.

다른 사람에게 말을 할 수 있다는 것은 그 주제에 관해 생각이 있다는 뜻입니다. 하고 싶은 말이 있는 것이지요. 책을 읽고 다른 사람에게 말할 수 없다는 것은 책을 읽고 자기 생각을 하지 않은 것입니다. 누구에게 이야기도 못 하는 독서를 했다면 과연 책을 읽은 것이 맞을까요?

북클럽을 통해서 하나의 주제에 대해서 자신만의 다양한 생각을 말해 보는 것, 입으로 뱉어내는 훈련이 필요합니다. 책을 읽고 쓰지는 않더라도 북클럽을 하게 되면 우선 말은 기본적으로 해야 합니다. 북클럽을 통해서 자기 생각을 표현하는 훈련을 꾸준히 한다면 좀 더 말하기에 자신감이 붙게 됩니다.

대학생들과 오랜 시간 함께 일해 왔습니다. 그들이 1학년 때는 쭈뼛쭈뼛합니다. 내향적이든 외향적이든 상관없이 꾸준히 이런 작은 모임들을 이끌었던 경험이 있는 학생들은 졸업할 즈음에 말은 기본적으로 다 잘하게 됩니다. 그래서 취업에서 면접은 모두 잘 봅니다. 스피치 대회에서 상을 받아오기도 합니다.

말하기의 두려움

원래 말하는 것을 좋아하고, 강의도 해 보고, 리더 경험도 있지 않은 한, 리더로서 이끌고 진행하고 말하는 것은 누구나 가지고 있는 두려움입니다. 처음 북클럽이라는 공간을 방문해 보는 사람도 용기를 내어 참여한 것입니다. 북클럽을 처음 해 본다는 한 회원이 있었습니다. '무슨 말을 하지?', '내가 잘 모르는 사람들 앞에서 내 이야기를 할 수 있을까?' 등 여러 걱정에 지난밤 잠을 설쳤다고 해요. 무엇이든 처음은 두려운 일이지요.

대학생들도 처음에는 책모임과 같은 작은 소모임을 하면 굉장히 어려워합니다. 입시 위주의 교육을 받고 왔다가 책을 읽고 질문을 던지고, 개인과 사회적인 적용점을 찾고, 그것을 자기 입으로 말하는 과정을 생각보다 어려워합니다. 작은 소모임 공간은 그저 수동적으로 강의를 듣는 것과 다릅니다. 모두가 주체가 되어서 함께해야 합니다. 자기 이야기를 책과 관련해서 진솔하게 풀어가야 합니다. 이를 어려워하는 것은 책을 읽는 문해력도 약하고, 자신을 읽는 문해력도 약하기 때문입니다.

김미경 학장이 운영하는 온라인 대학에 '스피치 마스터 클래스'라는 자율전공 과목이 있습니다. 그때 그 강의를 돕는 조교를 10명 뽑았는데요. 저도 선정이 되어 6개월 동안 활동했습니다. 김미경 학장의 강의는 우선 원고 구조도 탄탄하고 그 사이에 들어간 사례도 세밀합니다. 그것을 기반으로 목소리 톤, 움직임, 소리의 높낮이 등등을 활용해서 생생하게 전달하는 것이 특징입니다. 타고난 재능이 있는 김미경 강사도 원고를 말로 옮기기 위해서 수십 번 연습에 연습을 더한다고 해요. 그녀도 그처럼 연습을 많이 한다면 평범한 우리는 어찌해야 할까요? 연습한다면 우리의 스피치 실력도 늘 수밖에 없습니다.

스피치 강좌를 수강하는 사람은 과제를 매주 제출해야 했는데요. 자신의 3~5분짜리 스피치를 녹화해서 내야 했어요. 열 명의 조교들은 올라오는 영상과제들을 체크하고 응원의 댓글과 조언을 달았습니다. 학생들은 과제를 올리면서 한 번만 찍고 제출하지 않았을 것입니다. 여러 번 연습을 거쳐 마지막으로 잘 된 것을 냈을 거예요.

모두가 김미경 학장처럼 할 수 있는 것은 아니지만, 모방을 하다 보면 어느 정도 자신의 스타일이 나옵니다. 성향에 따라 강의 스타일도 다를 수밖에 없지요. 진정성을 품은 이야기라면 내향적인 사람들도 잘 말할 수 있습니다. 꼭 화려해야만 말을 잘하는 것은 아니지요. 원고를 작성할 때 논리적인 구성은 누구나 노력하면 할 수 있고 스피치도 연습한다면 충분히 잘 할 수 있습니다. 중요한 것은 나만의 진정성, 진실한 스토리를 잃지 않는 것이지요.

북클 리더의 말하기

발표를 잘하게 되면 많은 기회가 생깁니다. 내가 가지고 있는 생각을 여러 사람에게 잘 전달할 수 있게 되면서 자신감과 더불어 리더가 될 기회도 생깁니다. 가장 좋은 훈련은 독서로 스피치를 연습하는 것입니다. 북클럽은 그것을 훈련해 볼 수 있는 아주 안전한 공간입니다. 북클럽에서 책을 활용하기에 스피치를 연습하는 좋은 방법이 됩니다. 토론하는 과정 자체가 한 주제에 대해서 자기 생각을 이야기하는 과정이기 때문에 스피치가 향상됩니다.

토론을 시작하기 전에 책 요약이나 배경지식 등 책과 관련된 내용을 전달해주는 3분, 5분 스피치를 시도해 볼 수 있습니다. 처음에는 리더가 하다가, 어느 정도 북클럽 분위기가 무르익으면 모든 멤버가 돌아가면서 진행해 볼 수도 있겠지요. 그리고 좀 더 스피치 실력을 향상하고 싶다면 세바시나 테드처럼 15분, 많게는 30분 정도 PPT 자료를 만들어서 발표해 보면 좋습니다. 듣는 사람들도 책 내용을 정리할 수 있어서 좋고 발표하는 사람은 실력뿐 아니라 자신감 또한 획득하게 됩니다.

처음부터 완벽할 필요가 없습니다. 사람들 앞에서 강의를 처음 해보는 사람은 PPT를 만들어보는 것부터 해서 그것을 말로 표현하고 청중과 눈을 맞추는 시선 처리 등 모든 스킬이 당연히 부족할 수 있습니다. 중요한 것은 시작해 보는 것이지요.

원고를 만들고, 거울이나 인형 하나를 두고 연습합니다. 막상 말로 표현해 보면 어색한 부분이 보입니다. 그 부분의 원고를 계속 수정합니다. 어느 정도 수정이 되었으면 녹화를 합니다. 녹화본을 보고 자신의 말투, 반복되는 언어 습관, 제스처 등 수정해야 할 부분을 체크하고 다시 녹화합니다. 이런 과정을 반복합니다. 이런 과정을 수없이 반복한 후에 나의 스피치가 세상 무대에 등장하게 됩니다.

스피치에서 태도와 목소리는 정말 중요하다고 합니다. 미국의 심리학자 앨버트 메라비언에 의해 만들어진 '메라비언 원칙' 퍼센트 규칙을 보면, 강연을 들을 때 첫 3분에서 5분 사이에 강연자에 대한 판단이 이뤄진다고 하는데요. 약 38퍼센트의 사람이 강연자의 목소리를, 55퍼센트가 강연자의 태도를 중요하게 여긴다고 해요. 강연 내용으로 판단하는 청중은 고작 7~10퍼센트뿐이었다고 합니다. 강연할 때 책 내용뿐만 아니라, 말로 전달하는 스킬, 태도 등 신경 써야 할 것이 참 많습니다.

북클럽은 토론하고 말하는 과정을 통해서 스피치 실력을 향상할 수 있는 자리가 분명합니다. 어느 독서 모임은 스피치를 중요시 여겨서 토론 전에 짧은 스피치을 돌아가면서 합니다. 책을 읽고 하나의 주제를 뽑고 요약해서 사람들이 잘 인지할 수 있도록 PPT 형태로 발표를 하는 것이지요. 작은 공간일지라도 이런 훈련을 꾸준히 한 사람들은 나중에 스피치할 기회가 생길 때 두려움이 없겠지요. 기억할 것은 외향적이라고 말을 잘하는 것도 아니고, 내향적이라고 말을 못 하는 것도 아닙니다. 연습만이 살길입니다.

북클럽 안에서 '낭독'을 시도해 볼 수 있습니다. 조선 시대에 김득신이라는 사람이 살았습니다. 그는 수많은 책을 기본적으로 1만 번씩 읽었다고 합니다. 100번만 읽어도 문리가 트인다고 합니다. 낭독하면 난독증을 극복할 수도 있고, 기억하는 데도 도움이 된다고 해요. 책 속의 문장을 읽기만 해도 스트레스 해소, 명상과 같은 효과도 가져다줍니다. 명상할 때와 같은 뇌파가 낭독할 때 일어난다고 해요. 위축되거나 부끄러워 목소리가 작은 사람들이 꾸준히 낭독하면 목소리에 힘이 생기면서 아랫배에 힘이 들어가고 마인드에도 영향을 미치게 됩니다. 목소리를 내는 것은 자신을 표현하는 것입니다. 자기 목소리를 들으면서 내면을 치유하고 성장시키는 거죠.

북클럽 리더의 말하기는 적절한 개입으로서의 말하기입니다. 준비된 강의 형태의 말하기가 아니기에 좀 더 수월할 수 있지요. 그러나 책과 사람, 토론에 대한 어느 정도의 이해를 가지고, 책 뿐 아니라 전체 토론 흐름의 역동을 살펴야 적절히 개입할 수 있습니다.

말보다 중요한 것

말하기라 쓰고 듣기라 읽는다

북클럽 리더의 말하기에 대해서 말하고 있지만, 이보다 더 중요한 것이 있습니다. 리더는 한편으로 듣는 자이어야 합니다. 말하기라 쓰고 듣기라고 읽습니다. 들음으로써 말하는 자여야 합니다. 잘 말하는 것도 중요하지만 그 이상으로 경청은 중요합니다. 리더가 될수록 어쩌면 잘 들어야만 가장 잘 말할 수 있습니다.

잘 들은 토론과 듣지 못한 토론에는 큰 차이가 있습니다. 자기 말만 쏟아내고 전혀 듣지 않는 리더나 멤버가 있습니다. 그렇다면 남는 것도 기록할 내용도 없게 됩니다. 그저 내가 한 말만 희미하게 남을 뿐 자기 생각이 전혀 확장되지 않을뿐더러 소통에서 오는 교감을 경험할 수도 없습니다. 토론의 만족감은 말에서 얻기도 하지만 경청에서 얻기도 하기 때문입니다.

잘 듣는 사람은 공감도 잘합니다. 독서 토론 역시 다른 생각에 공감하는 시간입니다. 선천적으로 이에 능한 사람도 있지만 쉽지 않은 문제입니다. 마음에 닿는 공감은 쉽게 이루어지지 않지요. 스스로 부족하다고 생각하면 훈련해야 합니다. 공감 잘하는 사람을 찾아보고 분석해 보고 피드백을 받아 보는 것입니다. 듣기와 공감은 이어져 있습니다.

저는 시간이 될 때 이른 아침에 진행되는 CBS의 〈김현정 뉴스쇼〉

를 즐겨보는데요. 진행자는 치열한 정치 논쟁 한 가운데서도 미소를 잃지 않고 균형감 있게 상대의 의견들을 듣고 조율해 갑니다. 상반되는 의견들을 공감해 내면서도 날카로운 질문을 던지며 진행하는 모습이 인상적입니다.

북클럽 안에서 좋은 진행자가 되려면 자기 말이나 토론을 녹음해서 다시 듣는 연습도 좋은 방법입니다. 경청하는 리더의 북클럽은 회원이 줄지 않고 오래 지속됩니다. 누구나 자기 말을 잘 들어주는 사람에게 끌리고 감사히 여기며 그런 리더를 찾아 다니지요.

두 개의 귀와 하나의 입이 있는 이유

신이 우리에게 두 개의 귀와 하나의 입을 주신 이유가 있다고 합니다. 내 이야기를 먼저 하기보다 남의 이야기를 잘 들어야 하는 것이지요. 이를 역으로 생각해 보면 그만큼 듣는 것이 힘들기 때문입니다. 다른 사람이 이야기할 때 사실은 듣는 척하는 경우가 얼마나 많은가요. 다른 이의 이야기를 제대로 듣는 것은 쉽지 않습니다. 좋은 리더는 잘 들어주는 사람입니다. 저는 잘 듣는 유형의 사람이라고 생각해 왔는데요. 나이가 들면서 경험과 지식이 쌓여가서인지 듣는 것이 더 어려워지더라고요. 대충 듣고 판단해버리고 내 말을 하고 싶은 욕구가 많음을 순간순간 느낍니다.

누군가가 내 말을 잘 들어줄 때, 사랑받을 때 나오는 호르몬이 나온다는 내용을 어느 책에서 읽은 기억이 있습니다. 오롯이 한 존재에 집중해서 그의 말뿐 아니라 말을 둘러싸고 있는 존재의 목소리를 들어주기에는 우리 모두 내면도 외면도 분주한 삶을 사는 현대사회입니다. 그래서 더욱 잘 경청해주는 사람이 필요합니다. 경청하는 리더는 멤버들에게 최상의 선물을 주고 있는 것입니다.

생물학적으로 경청이 어려운 이유

생물학적으로 경청이 어려운 이유가 있다고 해요. 사람은 분당 500단어 정도를 힘들이지 않고 들을 수 있는데, 말할 때는 분당 125~150 단어만 말할 수 있다고 해요. 그래서 350단어 정도를 더 들을 수 있는 여유가 있는데 그 시간이 비니깐 자꾸 딴생각을 하거나 다른 데서 들려오는 소리에 귀 기울이게 되어서 산만하게 되는 것이죠. 이런 차이 때문에 우리는 딴생각을 하면서도 마치 잘 듣는 척 고개를 끄덕이거나 하는 거짓된 반응을 보입니다. 그 시간에 오늘 만날 사람, 해야 할 일 등 온갖 생각이 지나가는 것이지요. 그래서 들을 때 집중하겠다는 강력한 의지가 필요합니다.

북클럽 리더의 듣기

우리가 가지고 있는 나쁜 버릇 중 하나는 이해하려고 듣는 것이 아니라 대답하려고 남의 이야기를 듣는 것입니다. 사람들은 이야기를 듣는 것에 집중하지 않고 그 시간에 자신이 대답할 말에 대해 생각합니다. 미리 말할 것을 충분히 준비해오면 다른 사람의 이야기에 좀 더 집중할 수 있을 텐데도 그것이 쉽지 않은 거죠.

적극적으로 경청하는 것은 집중해서 성실하게 듣는 자세를 말합니다. 훈련이 필요한 일이기도 하지만, 또 다른 문제는 내면의 문제에서 옵니다. 자신 안에 무언가가 가득 찬 사람들은 그것이 생각이든 감정의 쓰레기든 다른 사람의 것을 받아들일 여유가 부족합니다. 그래서 어떤 사람은 명상으로 내면의 가득 찬 것들을 정리하고 흘려보냅니다. 성실한 자기 성찰과 일기와 같은 기록을 통해서 쏟아냅니다. 자기 내면이 잘 정비된 사람이 또 다른 존재를 받아들일 수 있는 내적인 공간을 갖게 되는 것이지요.

잘 듣는 것은 사랑을 실천하는 길임을 명심하십시오. 북클럽 멤버들의 이야기를 적극적으로 듣는 것은 사랑을 표현하는 방법입니다. 리더가 자기 말을 잘 경청하고 있음을 알게 되면 멤버는 더욱더 자유롭게 이야기를 나눕니다. 이 공간에서 안전함을 느낍니다.

멤버의 말 격려하기

북클럽 리더는 자신의 말하기뿐만 아니라 멤버의 말하기를 격려해주는 사람입니다. 적극적으로 들어야 격려할 수 있습니다. 멤버들의 언어적 요소뿐만 아니라 '말하지 않는 것'에 귀를 기울여야 합니다. 말하지 않는 것이란 눈빛, 표정, 자세, 태도, 톤 등 비언어적인 요소를 말합니다. '동작학'은 신체로 표현하는 대화나 언어를 연구하는 학문인데요. 모든 대화의 60%는 비언어 대화에 속하기 때문에 이를 듣는 것은 매우 중요하다고 해요.

잘 듣는 리더는 몸을 조금씩 움직이거나, 발로 바닥을 치거나, 볼펜을 굴리거나, 리더를 쳐다보는 등 사소한 행동도 섬세히 읽고 이렇게 말해 주는 것입니다. "은경님, 뭔가 생각난 것이 있는 거 같네요. 말하고 싶은 것이 혹시 있으신가요? 더 있으시면 말씀하셔도 됩니다."라고 말이지요.

비언어적 요소로 말하기

리더는 언어뿐 아니라 비언어적인 자세나 태도로 말을 합니다. 그래서 리더는 무언의 대화를 점검해야 합니다. 누군가가 질문을 하거나 말을 할 때 어떻게 반응하는지 자신을 점검해 보세요. 누군가가 질문하거나 대답할 때 여러분은 일반적으로 어떻게 반응하나요?

미소를 짓고, 고개를 끄덕이고, 즉각적인 도움을 제공하나요? 아니면 인상을 찌푸리고, 반응을 하지 않거나, 뒤늦은 반응을 하고 있지는 않나요? 인상을 찌푸린다는 것은 표정으로 '당신의 의견에 공감하지 못해요.'라는 의사를 전달하는 것입니다. 무반응은 리액션이 부족한 것이지요. 공감을 잘하지 못하는 유형의 리더는 무반응을 보이기도 합니다. 뒤늦게 반응을 보이는 경우는 너무 준비가 안 되어 있어 여유가 없을 때 진행하느라 급급해서 미처 반응을 할 수 없는 경우입니다.

리더는 북클럽 회원들을 격려하기 위해 다음과 같은 비언어적인 요소로 말할 수 있습니다.

- 회원들을 향해 열린 몸짓을 유지하라
- 팔짱을 끼거나 다리를 꼬지 말라
- 앞으로 몸을 기울여 말하는 이에게 관심을 보여라
- 고개를 끄덕이고 미소를 지음으로 말하는 이에게 공감하고 있음을 알려라

지루한 몸짓, 의심스럽다는 표정, 뒤늦은 반응 등과 같은 몸짓들은 그 사람이 실제로 생각한 것들이 겉으로 나타나는 것입니다. 비언어가 사람들에게 보내는 메시지는 크고 분명합니다. 이런 사소한 몸짓과 행동으로 나타나는 리더의 반응이 그 모임의 성장 정도를 결

정할 수 있습니다.

리더의 경청

사람들은 자기 생각과 감정을 교환할 수 있을 때 그 커뮤니티에 소속감을 느낍니다. 생각과 감정을 주고받는 진정한 마음의 교류가 없다면 살아 있지만 죽은 모임일 수 있습니다. 그래서 리더는 경청의 실력을 높여야 합니다. 진지한 태도로 경청할 줄 알아야 합니다. 감사한다는 표현을 하거나, 들으면서 고개를 끄덕여 주거나, 자신의 언어로 다시 한번 정리해주는 것은 말하는 이에게 격려가 됩니다. 특히 말한 내용을 리더가 다시 한번 요약해주면 리더가 자기 말을 잘 들어주고 있다는 확신을 갖게 되고, 다른 멤버의 이해도 도울 수 있습니다.

리더는 끝까지 사람들의 이야기를 인내하며 들어야 합니다. 보통 사람들은 자신이 하고자 하는 말을 처음부터 모두 다 털어놓지는 않습니다. 인내로 듣고 부족한 부분은 질문할 때 말하는 이는 서서히 마음을 열고 속 이야기도 꺼내 놓을 수 있습니다.

또 판단하지 않고 수용합니다. 평가와 판단은 정말 금물입니다. "그게 아니고요."가 아니라 "아 그렇군요.", "그랬군요", "그렇게 보셨군요."라는 말로 공감해 주세요.

들은 것을 여러분의 말로 재 언급해 주세요. 상담할 때도 기본적으로 많이 훈련하는 기법인데요. 멤버가 말한 부분을 한 번 더 짧게 확인하며 재반영해 주는 것입니다. 너무 길면 안 됩니다. "아, 이런 저런 말씀이시죠." 핵심 키워드 중심으로 "은숙님은 이렇게 언급해 주셨어요."정도로 다시 언급해 줍니다. 이렇게 리더가 다시 한번 언급해 줌으로 주저하고 부끄러워하는 이에게 자기 생각을 정리할 수 있는 시간을 더 줄 수 있고요. 이는 그 사람을 사랑하고 아낀다는 마음을 드러내는 것입니다. 리더가 그 사람의 말을 신중하게 여기고, 그 존재를 소중히 여긴다는 표시이지요. 또한 다른 멤버들도 집중하도록 도와줍니다. 보통 한 사람이 이야기하고 그것에 대해 생각하기보다는 자신의 이야기를 빨리 꺼내고 싶어 하는데 이때 그 이야기를 재 언급해 주는 것은 모든 사람이 그 말을 다시 상기하고 집중할 수 있게 도와 줍니다.

혼자 질문하고 답하지 마십시오. 침묵을 두려워해서 늘 먼저 말하는 사람이 있습니다. 질문을 하고 난 후 처음 몇 초에서 몇 분은 멤버들이 질문을 소화하는 시간입니다. 리더는 회원들이 질문에 대해 생각하고 대답할 시간을 주어야 합니다. 침묵을 두려워하지 말아야 합니다. 그 시간 생각하고 있을 수 있게 잠깐의 침묵을 허용할 줄 알아야 합니다.

격려자가 되어야 할 순간에 그 시간을 기다리지 못하면 리더는 설교자로 바뀌게 됩니다. 그러면 회원들은 '리더가 우리의 말을 듣고 싶어 하지 않네.', '자기 말만 하기를 좋아하는군.', '우리가 리더의 말을 들으려고 이 자리에 나왔나?'하는 생각을 하게 되며, 마음을 서서히 닫게 합니다.

침묵이 너무 길어진다면 질문에 대한 이해부족일 수 있고, 논제 자체가 함께 토론할만한 주제가 아닐 수도 있고, 이야기하고 싶지만 정말 자기 생각을 표현하기 힘든 내향적인 성향 때문일 수도 있습니다. 그때는 리더가 적절히 개입해서 질문을 더 이해하기 쉽게 풀어주거나, 말할 수 있도록 이름을 불러 기회를 주면서 침묵의 벽을 깨트려야 합니다.

리더가 모든 질문에 정답을 제시해야 한다는 부담감을 내려놓으세요. 섣부른 조언은 하지 말아야 합니다. 토론은 정답이 없는 자리입니다. 모두가 다 정답입니다. 멤버가 더 멋진 생각과 인사이트를 제공할 수 있습니다. 리더는 가르치는 자가 아니라 단지 그런 공간을 제공하는 자이여야 합니다.

그리고 사람들은 종종 단순히 정서적인 위로와 치유를 받기 위해 북클럽에 참석하기도 합니다. 그들의 마음은 상처와 아픔, 억압된 감정으로 가득 차 있습니다. 아픔의 시간을 보내왔고 지금도 겪고 있으며 그래서 어떤 위로와 확신을 얻기 위해 북클럽에 참가하기도 합니다. 이들은 자신의 문제를 털어놓는 것만으로도 굉장한 위로받으며 용기를 얻습니다. 대부분의 사람은 자기 문제와 그 답을 이해하지 못해서가 아닙니다. 섣부른 조언이나 충고를 얻기 위해서가 아니라 단지 자신의 이야기를 경청하는 귀와 돌봄을 받고 있다는 느낌, 천천히 치유 받을 수 있는 친밀한 작은 모임을 필요로 해서 북클럽에 참가하는 것입니다.

스킬보다도 더 중요한 것

한 친구가 말합니다. "나는 스킬적인 측면에서 보면 꽤 잘 운영하는 독서 모임을 알고 있지. 그러나 그런 모임은 뭔가 2%가 부족하더군, 왜냐하면 그들은 서로 친밀함을 나누지 않았던 거야."

다른 사람의 이야기를 경청하는 법, 효과적으로 질문하는 법, 격려하는 법, 자신을 투명하게 드러내는 법에 대한 모든 것을 잘 알고 있음에도 북클럽이 실패할 수 있다고 생각합니다. 사람들이 원하는 것은 친밀함입니다. 친밀함은 완벽한 기술이 아니라 진정한 대화와 교감에 있습니다. 이는 서로에 대한 진실한 관심에서 나오는 것이죠.

유능한 전문 세일즈맨은 고객이 필요한 것이 무엇인지 이해할 때까지 말을 아낀다고 합니다. 아마추어 세일즈맨은 고객이 자신을 이해해 주기(나는 최고의 상품을 가지고 있다)를 바라지만 프로는 고객을 이해(나의 고객이 필요한 것은 무엇인가)하려고 애쓰는 것이지요. 유능한 세일즈맨은 먼저 고객의 필요를 구하지만, 아마추어는 상품을 판다는 사실을 기억하세요. 진정한 리더는 자기 필요보다 다른 이에 대한 관심을 우선해야 합니다.

다른 이들에 대한 우리의 영향력이 얼마나 깊고 넓을 수 있느냐는 우리가 얼마나 다른 이들에게 관심을 보이느냐에 달려 있습니다.

침묵으로 가르치기

독서 모임 인도자, 교육에 관심 있는 분들을 위해 책을 하나 추천합니다. 한 북클럽에서 읽고 토론한 책입니다. 『침묵으로 가르치기』라는 책인데요. 이 책의 저자는 하버드 조교수로 있을 때 자기의 교수법에 의문을 제기합니다. 그는 피아제, 존 듀이, 루소, 프로이트, 소크라테스 등 여러 사람의 영향을 받았지만, 자기가 확신하는 이론들대로 수업이 실제 진행되지 않는 것을 보고, 새로운 시도를 해 보는데요. 오랜 시간 교수로 일하게 된 에버그린 주립대학에서 이런 실험을 할 수 있는 환경을 제공해 주었어요. 이 책은 30년 동안 갈고 닦은 교수법을 은퇴 후 정리한 책입니다. 오래전에 쓰인 책이었지만 저에게 매우 와 닿았는데요. 왜 이 책이 지금도 저에게 절실하게 와 닿을까요. 20여 년간 제가 가르쳤던 활동을 돌아보고 반성하게 하더라고요.

제목 자체가 매우 모순적으로 들립니다. 우리는 가르침을 생각할 때 대부분 강의를 듣는 것, 노트 필기하는 것이라는 이미지가 강하게 있습니다. 우리가 자라온 시절은 대부분 강의와 시험, 주입식 교육이 대부분이었기 때문입니다. 요즘은 다양한 프로젝트나 토론 수업을 하지만, 여전히 남아 있는 입시 제도는 중, 고등학교에 가면 그럴 여유마저 앗아갑니다. 이러한 수업은 사실 기억이 거의 나지 않으며 우리 몸을 통과하지 않기에 배움을 진정으로 경험하지도 못하게 합니다.

교수가 말을 하지 않는다면 어떻게 가르침이 제공될까요? 저자는 루소나 듀이가 강조했던 것 같이 스승의 '가르침'이 아니라 학생의 '배우는 경험'을 강조합니다. 즉 실제 몸으로 경험함으로 배우는 것도 있겠지만, 이 책은 우리가 사용하는 '말'이라는 수단을 통해서도 '배움의 경험'을 할 수 있다고 해요. 학생 스스로가 언어라는 도구를 통해서 함께 탐구하면서 '배움의 경험'이 일어나는 것이죠. 이때 교수의 위치는 학생과 같은 자리입니다.

이것을 위해서 교사는 수업을 설계하는데요. 그리고 실제 수업 시간에 교사는 최대한 침묵하고, 학생이 모든 것을 주도해서 주제를 탐색하고 토론하고 글을 쓰며 스스로 배움을 경험하면서 통찰을 얻습니다. 왜 침묵으로 가르쳐야 하는지에 대한 이유와 근거, 수업 설계과정, 다양한 사례들, 교수법, 실제 학생들의 피드백과 변화들에 관해 이 책은 빼곡히 담고 있는데요. 북클럽을 운영하는 분들이라면 리더의 존재에 대해, 침묵의 역할에 대해, 배움이 일어나도록 공간을 어떻게 꾸려가야 할지에 관한 좋은 인사이트를 얻을 수 있을 거예요.

글쓰기 미션

나는 말하는 사람에 더 가까운가요?
듣는 사람에 더 가까운가요?
북클럽 리더(or 멤버)로서 어떤 부분에 더 보완이 필요할까요?

긍정확언

나는 적극적으로 경청하는 북클럽 리더 (or 멤버)가 될 것이다.

04 / 북클럽의 물리적 요소

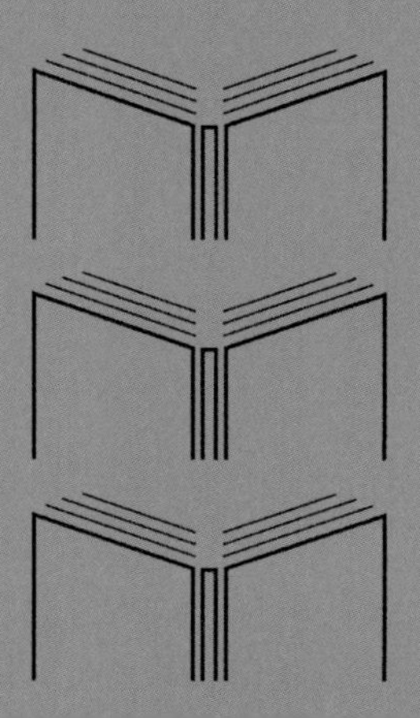

01 북클럽 리더의 역할과 자기이해

북클럽 전, 중, 후 리더의 역할

북클럽 리더의 역할은 북클럽 전, 중, 후로 나눌 수 있습니다.

북클럽 전에는 우선 모임을 기획해야 합니다. 어떤 장르의 책을 읽을 것인지 결정해야 합니다. 인문학 책을 읽을 것인지, 고전문학을 읽을 것인지, 자기계발서를 읽을 것인지, 경제경영의 책을 읽을 것인지, 아니면 다양한 장르의 책들을 읽을 것인지 선택합니다. 그리고 한 달에 몇 번의 모임을 어느 시간대에 모일지, 대상은 주부로 할지, 40, 50대로 할지를 정합니다. 장소는 온라인 또는 오프라인 중에서 정해야겠지요. 유료로 할지 무료로 할지도 정합니다. 이런 콘셉이 정해지면 SNS와 오프라인에 적극적으로 홍보해서 멤버를 모집해야 합니다. 이 모든 것을 한 이후에는 리더는 책과 관련된 논제를 미리 준비합니다. 자신이 만든 논제로 진행해야 핵심을 잘 이끌어갈 수 있습니다. 준비된 논제를 최소한 2~3일 전에 미리 회원들에게 전달해서 회원들이 북클럽을 미리 준비할 수 있도록 합니다.

북클럽 중에 리더의 역할은 무엇일까요? 경청과 존중, 중재와 조율, 요약과 진행, 기회 분배의 역할을 생각해 볼 수 있습니다. 먼저 경청과 존중을 생각해 보겠습니다. 대학생들과 함께 할 때입니다. 한때 이 언어가 많이 들려왔는데요. "굉장히 존중받는 느낌이었어요."라는 말이었어요. 대학 캠퍼스 현장에 20여 년 넘게 머물면서 20대들이 처한 상황이 제가 대학에 다닐 때와는 매우 달라지고 있었습니다. 공부하면서 알바도 해야 하고, 여러 가지 스펙을 갖추어야 하기에 삶에 여유가 없었습니다. 그런 것들을 한다고 사회가 나를 받아주리라는 보장도 없었습니다. 그렇게 끊임없이 소모되는 삶을 살고 있었는데요. 힘들게 입시를 치르고 대학에 왔지만, 또 다시 자신을 증명해야 하는 현실이 자기 자신에게 존중받지 못한 느낌을 가져다주었던 거 같아요. 이런 상황에서 다른 이의 발언을 깊이 경청하는 것은 그들을 존중하는 한 방법입니다.

토론하면서 나와 비슷한 생각을 하는 사람도 있을 것이고 나와는 완전히 다른 관점으로 이야기하는 사람이 있을 거예요. 그 과정에서 '어 나도 그런데.'라는 공감을 얻기도 하고, '그럴 수도 있겠구나.'라고 상대를 공감하기도 합니다. 리더뿐 아니라 멤버도 다른 이의 생각과 마음을 열린 마음으로 수용할 수 있어야 해요. 우리는 늘 정답을 강요받는 시대에 살아왔잖아요. "여자는 이렇게 살아야 해, 학생은 이래야 해, 입시에 성공해야 네 인생도 성공하는 거야."처럼요.

틀림이 아니라 다름을 수용하는 힘이 우리 사회에 매우 필요합니다. 북클럽 안에서의 대화와 토론은 이 다름을 수용하는 힘을 키우는 공간입니다.

최근에 나온 책 중 서점에 관련된 책들이 많습니다. 『어서 오세요. 휴남동 서점입니다』, 『책들의 부엌』과 같은 책입니다. 한 책은 '서점'을 중심으로, 한 책은 어느 시골에서 '북 스테이'를 중심으로 찾아오는 이들의 이야기를 담고 있는데요. 현대사회에서 지친 영혼들이 그곳에서 쉼을 누립니다. 자기의 존재를 그저 묵묵히 받아주는 책이 있는 공간과 그곳의 사람들로 인해서 그들은 서서히 회복됩니다.

북클럽이 서점은 아니지만 그런 공간이 되었으면 합니다. 함께 책을 읽다 보면 사고력도 확장되고 뇌도 발달하지만 서로가 서로를 온전히 존재로 받아주는 안전한 공간이 되었으면 합니다.

북클럽이 끝난 후에도 리더의 역할은 남아 있습니다. 리더는 토론한 내용이나 후기들을 모으고 정리해서 멤버들이 함께 볼 수 있는 공간에 글과 사진을 올립니다. 각자가 자기 SNS에 올리는 것도 좋습니다. 그러나 이럴 경우 자료가 흩어져 있기 때문에 나중에 확인이 불편합니다. 독서 모임만의 SNS 계정을 따로 만들면 좋습니다. 그러나 SNS는 리더 한 사람만 이용할 수 있고, 다른 멤버들은 댓글 정도 달 수 있기에 모두가 이용할 수 있는 공간은 되지 못합니다. 멤버들이 글을 쓰려면 아이디와 비밀번호를 입력하고 들어가야 해서 불편합니다. 그런 측면에서 네이버 카페가 모든 사람이 글과 댓글을 달 수 있어 편리합니다.

되도록 어떤 형태로든 모든 멤버가 댓글이든 후기든 짧은 글이라도 남겨놓으면 글쓰기 훈련에도 좋고, 추억이 되는 기록이 됩니다. 그렇게 모인 북클럽 자료들은 아카이빙되어 소중한 자료로 사용될 것입니다. 리더는 다음 모임과 책을 공지하고 다음 모임도 잘 준비할 수 있도록 중간마다 격려합니다. 빠진 멤버가 있으면 안부 전화를 하고, 신입 멤버가 있으면 일대일 만남으로 라포를 형성해서 모임에 빨리 적응할 수 있도록 돕습니다.

이런 점을 주의해요

북클럽을 하면서 비전을 가지고 당차게 시작해야겠지만요. 완벽한 준비보다는 조금은 가벼운 마음으로 시작할 필요도 있습니다. 원대한 그림을 그리며 시작하지만, 현실과의 괴리는 늘 있거든요. 이상만 큰 사람은 완벽주의가 있어서 시작을 잘하지 못합니다. 시작하더라도 이른 좌절감에 도망치기도 합니다. 그렇다고 현실적이기만 한다면 모든 것이 냉소적으로 흐르겠죠.

이상과 현실의 괴리를 조율하기 위한 리더만의 마음 처방을 먼저 해 드립니다.

먼저 멤버들을 향한 큰 기대를 내려놓습니다. 신청자가 다 온다는 기대, 책을 다 읽어온다는 기대, 선정한 책을 긍정적으로 평가하리라는 기대, 읽은 책을 잘 소화하리라는 기대, 독서 수준이 높으리라는 기대 말입니다. 책을 다 읽어오기를 지향해야 하지만 사정이 있을 수도 있습니다. 정말 좋은 책도 20대, 30대, 40대에 읽을 때의 평이 다 다릅니다. 아직은 독서 나이가 어려서 책을 잘 소화하지 못하는 멤버가 있을 수 있습니다. 각각의 기대에 대한 리더만의 원칙과 방향은 있어야 하지만, 그 기대에 못 미친다고 미리 좌절하고 자신을 탓할 필요가 없습니다.

두 번째 토론 품질에 대해 큰 기대를 하지 않습니다. 활발한 발언이 오가지 않을 수도 있습니다. 멤버의 독서력에 따라 좋은 책이라도 토론수준이 낮을 수 있음을 기억하며 리더는 모든 회원의 독서력이 자라고 통찰력을 길러가는 그 여정에서 기다림이 필요합니다.

세 번째 모두가 다 말하고 싶어 할 것에 대한 기대를 내려놓습니다. 누군가는 듣기를 더 선호합니다. 또 말하기를 좋아하는 사람도 때론 말하기 싫을 때도 있습니다. 우리에게는 말할 자유도 말하지 않을 자유도 있습니다. 저는 북클럽을 할 때 늘 '말하지 않을 자유'가 있다고 이야기합니다. 그러면 사람들은 안전감을 가지고 편하게 말하고 침묵합니다.

네 번째 상처를 받지 마세요. 요즘에는 다양한 이유로 북클럽을 시작합니다. 단지 책이 좋아서, 자신만의 커뮤니티를 시작하려고, 성장과 변화를 위해서 등 북클럽을 만들려고 하는 다양한 이유가 있습니다. 유료든 무료든 북클럽 자체를 통해서 어떤 큰 보상이나 경제적 이익을 얻지는 못합니다. 그러나 북클럽은 리더 자신에게 그리고 사회에 큰 기여를 하는 길입니다. 그리고 작은 북클럽을 통해서 다양한 모임과 커뮤니티로 확장될 수 있습니다. 그렇기에 리더의 수고를 알아주지 않는다고 상처받지 않으셨으면 합니다. 모든 과정에서 겪는 사건과 경험은 리더가 성장하는 귀한 밑거름이 됨을 잊지 않으셨으면 해요.

리더의 자기 이해가 곧 모임의 성장

디지털 시대일수록 인간에 대한 이해가 더욱 필요하지요. 인간성에 대한 결핍감을 더 느끼기에 사람 냄새가 나는 아날로그적인 공간을 더 찾게 됩니다. 북클럽 공간은 책을 중심으로 하지만 책은 도구일 뿐이지요. 책과 함께 우리는 자신을 그리고 서로를 읽어가는 것이 필요합니다. 특히 리더 자신에 대한 이해와 성장만큼 사람에 대한 이해도 자라가고, 그 모임도 함께 성장하게 됩니다.

자기를 이해하기 위해 다양한 심리 상담 툴을 활용할 수도 있습니다. MBTI, 디스크, 애니어그램 등 다양한 심리 검사가 있고요. 각각의 도구들은 나 자신과 타인을 이해하도록 돕습니다. 하나의 검사 도구로 이해하기에는 각 사람의 내면과 외면은 너무나 다채로우니깐요. 그래서 하나에 의존하기보다는 다양한 심리 도구로 자신과 타인을 이해하고 해석해갈 필요가 있습니다.

자존감의 기초인 나 뜯어보기

여기서는 자신을 구성하는 가장 기본적인 요소만 살펴보겠습니다. 사람을 구성하고 있는 요소에는 감정과 이성, 의지가 있습니다. 신을 믿는 사람은 영혼도 한 요소로 볼 수 있겠지요. 여기서는 앞의 세 부분만 살펴보겠습니다.

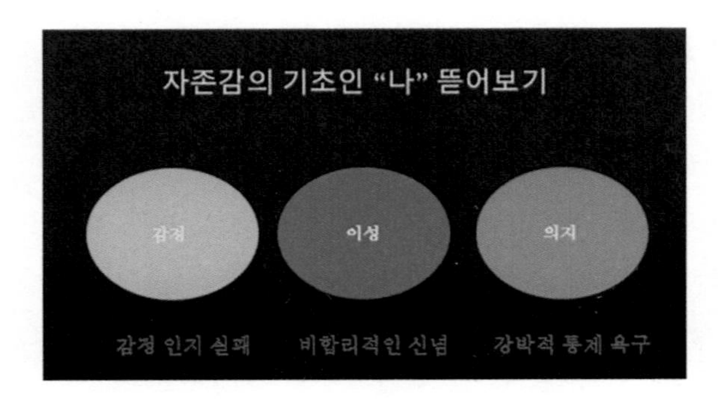

자기 이해가 깊어진다는 것은 각 부분이 자라가는 것과 같습니다. 각각의 구성요소는 자존감의 기초가 됩니다. 여기서 하나라도 무너지거나 왜곡되면 자신을 통제하기 힘들어지지요. 그러나 인간은 결코 완벽할 수가 없죠. 어떤 이유에서든 한 부분은 조금씩은 훼손되어 있을 겁니다. 다양한 이유로 이성과 감정, 의지 각각에 일정 부분 타격을 입지요. 또 감성과 이성 의지는 서로 영향을 주고 받으면서 인간 존재 전체에도 영향을 미치죠. 그로 인해 나타나는 문제가 자존감입니다.

우리 자신은 결코 완벽할 수 없지만, 문제를 인지하고 그것을 해결할 혜안이 조금이라도 있을 때 용기를 가지고 한 걸음씩 나아갑니다. 문제를 인식하지 못하는 무지는 안개 속을 거닐듯이 두려워하거나 회피하는 요인이 됩니다. 각 부분을 이해하고 있을 때 그나마 자기를 컨트롤하는 능력이 생깁니다.

자신을 깊이 이해할수록 사람에 대한 이해도 더 깊어집니다. '그럴 수도 있지.'하는 여유가 생깁니다. 나에 대해서도 타인에 대해서도 말입니다. 그렇지 않으면 자신을 성찰하기보다 끊임없이 사람과 환경만 탓하게 됩니다.

그러나 우리는 자신을 가만히 들여다보기를 힘들어해요. 자신에게 집중하기 위해서는 침묵해야 하고 절대적인 고독의 시간을 수시로 가져야 하거든요. 오랫동안 혼자만의 시간을 가지지 못한 분이라면 자신을 독대하기 힘들어합니다. 내면에 억눌려있었던 많은 것들이 올라오기에 감당하기 힘든 것이죠. 성장하려면 고독의 시간이 꼭 필요합니다. 자신을 깊이 들여다보는 것을 수시로 가져야 성숙해집니다.

매일 조금씩 또는 일주일에 한 번, 한 달에 한 번, 일 년에 며칠 이런 식으로 정기적으로 자신과 만날 필요가 있습니다. 그렇지 않으면 겉으로는 분주하고 온갖 화려한 것들로 자신을 치장하고 있을지라도 내면의 힘은 조금씩 희미해져 무너져갑니다.

뿌리를 직접 대면하는 것보다 드러난 문제를 그냥 견뎌 내는 일이 훨씬 덜 고통스럽다고 생각하는 거죠. 그러나 직면하지 못한 문제는 조금씩 행복을 갉아 먹고 존재를 파괴하게 됩니다. 그리고 그것은 어느 순간 눈덩이처럼 커져서 나와 다른 이에게 더 큰 상처를 안겨줄 수 있음을 기억하세요.

자존감을 이루는 각 영역을 좀 더 살펴보겠습니다.

첫 번째, 우리는 감정을 인지하는 데 종종 실패합니다. 감정에 좋고 나쁜 감정이 있을까요? 사실 감정에 좋고 나쁜 감정은 없습니다. 우리가 가지고 있는 사회적 편견이 있는데요. '남자는 울면 안 돼 강해야 해.', "여자는 자신의 목소리를 크게 내면 안 돼, 조신해야 해."와 같은 암묵적 사회적 합의로 감정을 온전히 느끼고 표현하지 못하고 살아왔어요. 내 감정을 읽어주는 사람이 없었고, 그것을 어떻게 조화롭게 표현해야 하는지 가르쳐 주거나 본을 보여주는 사람이 없었기에 감정을 인지하는데에 매번 실패했지요. 결국 자신의 감정을 읽지 못할 뿐만 아니라 감정 언어를 잃어버리게 되는 거죠.

대부분 사람은 회피와 억압 등의 전략을 많이 사용합니다. 타인에게는 둘째 치고 자신에게조차 안 그런 척, 괜찮은 척하며 살아갑니다. 정말 괜찮을까요? 지금 읽고 있는 책 중 하나가 『우리는 아직 무엇이든 될 수 있다』는 것인데요. 이 책은 번아웃으로 퇴사한 사람들이 바로 이직하는 것이 아니라 1년간 쉬면서 자신을 돌아보는 '갭이어'와 같은 쉼의 기간을 가지는 이야기를 모은 거예요. 자신을 찾아가는 여정을 인터뷰 형식으로 전달해 주고 있습니다. 밀레니얼 세대들이 좋아하는 일을 열정적으로 했지만, 어느 순간 쉬는 감각을 잃어버리면서 번아웃이 온 것입니다. 그토록 애정했던 자신의 일 조차도 갑자기 멀어지는 거예요. 한 사람은 쉬는 방법을 잊어버려서, 그것을 배우기 위해서 100만 원 상당의 제주도 여행 프로그램을 신청했다고도 해요.

한국인의 감정은 모든 것을 '화'로 표현한다고 합니다. 감정이라는 수면 아래는 숨겨진 '욕구'가 있습니다. 그 욕구가 채워지지 않을 때 감정이 생겨나는 것이지요. 그러나 내가 왜 이런 감정이 일어났는지 그 아래의 욕구를 읽지 못한 채 계속 수박 겉핥기식으로 대처하니깐 감정이 더 증폭되고 나와 타인에게 상처를 주는 결과를 낳게 되는 것입니다.

연습해야 합니다. 감정 카드를 활용할 수도 있고요. 최근에 『감정 어휘』 같은 책을 통해 공부하셔도 좋습니다. 감정 아래에 있는 수많은 욕구를 만져주고 알아봐 주고 채워주면 감정의 색깔도 달라지는 것을 경험할 거예요. 그동안 사회와 타인이 강요했던 목소리를 해체하고 정말 나만의 목소리를 찾는 감정이라는 신호를 무시하지 않았으면 합니다.

두 번째, 이성의 회복이 필요합니다. 대부분의 사람이 '비합리적인 신념'에 묶여서 고통받습니다. 대표적인 비합리적인 신념에는 어떤 것들이 있을까요? '나는 모든 사람에게 사랑받아야 한다.', '나는 다른 사람이 필요 없다.', '친밀한 관계는 고통을 가져다줄 뿐이다.', '나는 모든 것을 완벽하게 해야 한다. 그렇지 않으면 나는 무가치한 사람이다'와 같은 거예요. 어때요? 여러분은 이 중에서 해당하는 신념이 혹시 있나요? 그 신념 때문에 고통받고 있는 부분이 있나요?

완벽함이 내 신념이 되면 아무것도 시도하지 못하게 됩니다. 실수할까 봐 두려워서 말이지요. 또 완벽해 보이려고 수단과 방법을 가리지 않을 수 있습니다. 모든 사람에게 사랑받으려는 사람은 한 사람이라도 나를 비판한다면 세상이 무너질 듯한 고통을 느낍니다. 끊임없이 자신을 탓하며 자존감이 하염없이 낮아질 수밖에 없지요. 보통 자존감이 낮은 사람이 이런 비합리적인 신념을 가지고 있습니다.

북클럽 리더에게 이 부분을 적용해 본다면 어떠할까요? '나는 모든 멤버에게 사랑받아야 한다.', '사람과 관계를 맺되 사람은 두려운 존재이기 때문에 거리를 두자.', '완벽해야 나는 북클럽을 시작할 수 있다.' 등이 될 수 있겠지요.

세 번째는 의지입니다. 인간은 의지적인 존재입니다. 의지라는 것은 무엇을 말할까요? 선택할 수 있는 자유를 말합니다. 행동을 선택하고 목표를 선택하는 것 말입니다. 그러나 우리가 행하고 있는 많은 부분이 자기 의지로 주체적으로 선택해서 행하고 있다고 생각하지만, 잘 돌아보면 그저 강박적으로 행하고 있는 부분이 많습니다. 얼마 전 〈금쪽 상담소〉라는 프로그램을 보았습니다. 한 10살 정도 되는 금쪽이가 나왔는데요. 머리 정수리 부분이 텅 비어 있는 거예요. 이 아이는 불안할 때마다 정수리 부분의 머리카락을 하염없이 뜯는 거예요. 그 모습을 보는 부모의 마음은 어떠할까요? 그 아이도 말합니다. "저도 이것을 멈추고 싶어요, 그런데 잘 안 돼요."라구요. 강박적으로 하는 거죠. 자신의 의지로 그것을 멈출 수가 없는 거예요.

저는 대체로 계획형의 사람입니다. MBTI에서 J의 성향이 강합니다. 그런데 지난 과거를 돌아보니 계획세우기에 지나치게 집착했던 것 같아요. 물론 계획을 하고 시간 관리를 하는 것은 매우 좋은 습관입니다. 그러나 실행할 에너지를 빼앗아 가면서까지 세우는 계획은 사실은 자신의 불안함을 감추기 위한 강박적 행위일 수 있습니다. 내가 주체적으로 선택해서 살아가고 있는 의지인지, 아니면 어떠한 강박적 행위, 타인의 말에 늘 끌려다니고 있지 않은지를 돌아보셨으면 해요.

우리의 인생이 불확실하고 우리는 그 속에서 결정을 요구당하며 살기에 사실 매일 불안할 수밖에 없습니다. 불안하지 않은 사람은 한 사람도 없을 것입니다. 설령 내 의지로 주체적으로 선택했다고 해도 그 결과를 내 맘대로 할 수 없습니다. 그만큼 우리의 인생은 불확실하지요. 이 사실은 우리를 참으로 불편하게 합니다. 그러나 혼돈을 회피하고 강박적이고 무미건조한 것들로 삶을 채워가기보다, 어느 정도의 혼돈을 인생의 한 부분으로 받아들이고 그 과정을 유연하게 즐긴다면 인생이 좀 더 재미나고 다채로워지지 않을까요? 늘 안전한 선택만 하는 것이 아니라 내가 한 결정이 설상 실패했을지라도 그 과정 속에서 어떤 것을 경험하고 배웠다면 그것만으로 충분하지 않을까요?

이런 세 가지 요소 중에 어느 한 부분이라도 건강하게 작동하지 않을 때 자존감에 손상을 입고, 그것으로 인해 어려움을 겪습니다. 우리는 지금 북클럽에 관해서 이야기하고 있습니다. 이 부분들을 말씀드리는 이유는 인간의 이런 요소들이 독서와 글쓰기를 통해서 많은 부분 치유되고 해소가 되기 때문입니다.

첫째 독서를 통해서 감정의 많은 부분이 건드려지고 치유됩니다. 특히 좋은 에세이나 소설, 문학작품은 다양한 인간군상과 그들의 스토리가 나오는데요. 최근 『토지의 정원』이라는 책을 읽었습니다. 이 책의 주인공은 시각 장애인인 한 소녀입니다. 주인공이 보지 못하지만, 작가는 그녀가 느끼는 청각, 촉각, 후각을 여러 감정어휘를 통해 잘 표현합니다. 소설이라고 모든 정서를 잘 표현하지는 않아요. 그저 스토리 위주의 소설도 있습니다. 이런 스토리 위주의 소설은 빨리 읽어버립니다. 그러나 위 책은 시각 외의 여러 감각을 건드려주면서 제 안에 있지만 미처 인지하지 못하고 평상시 잘 사용하지 않았던 오감을 꺼내 주었습니다. 다양한 감정어휘를 통해서 나도 그 소녀처럼 느끼고 맡고 들을 수 있었습니다. 다양한 문학 작품을 통해 그리고 그런 오감의 언어가 담긴 작품들을 읽어간다면 그 동안 경험해 왔던 세계가 또 다르게 맛보아집니다. 감정언어가 많을수록 그 사람이 경험하는 세계 또한 더욱 세밀해지고 넓어집니다.

두 번째 왜곡된 비합리적인 신념들이 깨어지고 좀 더 건강한 방식의 사고가 쌓여갑니다. 고정관념, 왜곡된 생각은 많은 부분 자신을 고통스럽게 합니다. 그것이 진리가 아님에도 부모와 사회가 이렇게 사는 것이 정답이라고 들으며 세뇌당하며 살아왔습니다. 조금이라도 거기서 벗어나면 틀린 삶인 줄 알았습니다. 어떤 통로든 그렇게 쌓인 거짓된 목소리들은 나를 가두고, 그런 신념은 감정과 몸에 영향을 미칩니다. 그런데 오랜 시간 몸에 새겨진 인지적 생각들은 잘 안 바뀝니다.

20여 년 동안 진리라고 믿었던 생각이 한 권의 책읽기로 바뀔까요? 잘 안 바뀝니다. 그러면 어찌해야 할까요? 계속 들이부어야 합니다. 읽고 또 읽어야 합니다. 한 권의 책을 읽을 때는 깨우쳤지만 일상에서 과거의 반복된 생각들이 또다시 올라와 나를 힘들게 한다면 다시 책으로 샤워하면 됩니다. 『책은 도끼다』라는 제목의 책도 있지요. 처음의 큰 바위를 깨트릴 때는 요동도 하지 않습니다. 꿈쩍도 하지 않는 것 같습니다. 그러나 매일 조금씩 두드린다면 안 깨질 바위는 없을 겁니다. 매일 조금씩 읽어간다면 새로운 생각이 현재의 생각을 계속 깨트릴 것입니다. 독서를 통해서 다양한 선택을 하며 살아가는 사람을 만나게 됩니다. 그러면 그 사람의 생각도 넓어지고 삶도 넓어집니다. "아, 완벽하지 않아도 되구나, 실수해도 기회는 다시 있구나, 꼭 좋은 대학에 가는 것만이 정답은 아니구나" 등 조금씩 새로운 신념의 싹이 싹 틀 것입니다.

마지막으로 독서를 통해 강박적인 선택이 아니라 주체적인 실행력이 자라갑니다. 책을 읽고 글을 쓰면서 자신만의 생각을 차곡차곡 다져가게 됩니다. 주체적인 사람으로 거듭납니다. "나도 저자를 따라서 이것도 해 볼까, 저것도 해 볼까?" 하는 의지적인 감각이 깨어납니다. 도서는 그저 수동적으로 강박적으로 해 왔던 일들에서 벗어날 수 있는 마중물을 끊임없이 부어줍니다.

저는 정말 수동적이고 순응적인 사람이었는데요. 주체적이고 자유를 사랑하는 사람이 되었어요. 제가 이렇게 자유로운 영혼이었나 하는 생각을 요즘에도 하고 산답니다. 불안감에 해 온 강박적인 행동이 아니라, 작은 것이라도 제가 주체적으로 선택하고 시도해 보고 책임져보는 요즘 생활이 행복하답니다. 여러분도 책 읽는 사람들과 함께 꾸준히 책을 읽어간다면 부정적인 감정과 이성, 의지의 고리에서 해방되고 정말 나다운 온전한 인간성을 회복할 것입니다.

리더의 자기 이해는 곧 모임의 성장입니다. 그로 인해 멤버들 또한 자기 이해가 자라간다면 그 충만한 에너지로 서로가 상생하고, 그 성장은 곧 세상을 향한 나눔과 기여로 이어질 것입니다.

02 북클럽 멤버 이해와 대처

배움의 유형

사람을 이해하는 많은 심리 도구가 있지만 배움이 어떻게 일어나는지의 관점으로 사람의 유형을 나눠볼 수 있습니다. 지식은 한 가지 방식으로만 터득되지 않습니다. 지식을 이해하고 습득하는 방법은 각자의 성향에 따라 조금씩 다른데요. 배움의 유형을 이성형, 감성형, 행동형 세 가지로 나눠볼 수 있습니다.

이성형은 머리 에너지를 주로 쓰고, 지식과 정보가 최고라는 생각을 갖고 있습니다. 뭔가를 결정할 때는 논리적으로 근거를 따져 이성적으로 판단하고 꼼꼼하게 분석하는 편이지요. 사람들과 소통하고 육체노동을 하면 에너지가 방전되고, 잠을 자거나 혼자만의 시간을 가질 때 에너지가 충전됩니다. 조용하고 차분하다는 말을 많이 들으며, 혼자도 잘 지냅니다.

이들은 논리적으로 따지는 것을 좋아하므로 개념과 원리를 이해시키는 학습 방법이 잘 통하며, 노트 필기 같은 학습 도구도 잘 활용합니다.

감성형은 가슴의 감정 에너지를 주로 쓰고, 사람과 인맥을 중요시합니다. 뭔가를 결정할 때는 느낌에 근거해 감성적으로 판단하는 편이며 분위기를 따라가는 편입니다. 사람들이 자신에게 무관심하면 방전되고, 수다를 떨거나 소통하면 오히려 충전됩니다. 붙임성도 있고, 다른 사람들과 함께하는 시간을 매우 좋아합니다. 사람들과 어울리고 대화하는 것을 좋아하지만 주변의 분위기나 감정의 영향을 많이 받기에 감정 기복이 있을 수 있습니다. 칭찬과 격려는 이들을 춤추게 하지요.

행동형은 아랫배 부근의 본능적인 에너지를 주로 쓰고, 몸과 힘이 최고라는 생각을 하고 있습니다. 이들은 일단 해 보자는 마음이 가득하여 바로 움직이는 유형입니다. 타고난 리더 성향이 있습니다. 자기 주도적인 만큼 책임감도 강합니다. 목표 설정과 적절한 보상은 이들을 더욱 행동하게 합니다. 지시받는 것보다 자신의 인생을 스스로 디자인하는 것을 더욱 편안하게 여깁니다. 단, 머리를 쓰거나 복잡한 일을 하면 에너지가 방전되고 맛있는 것을 먹거나 운동을 하면 에너지가 충전됩니다.

일반적으로 이성형은 텍스트를 통해 감성형은 사람, 행동형은 체험을 통해 배우는 것을 더 선호합니다. 이성형의 사람은 '왜?"를 묻고, 성실하게 완독하며 깊이가 있습니다. 단순한 책읽기는 이성형이 선호하는 방식입니다. 북클럽에서도 이성형의 사람들은 성실히 책을 읽어옵니다. 감성형과 행동형은 질문과 대화, 토론과 발표 등 서로 소통하고 협력하면서 배우는 방식을 선호하기에 북클럽의 공간이 이들에게 에너지를 줍니다. 북토크, 책 친구와 함께 하는 것을 좋아합니다. 감성형의 사람들이 북클럽에 있으면 분위기가 부드럽고 좋습니다. 행동형은 주도적이기에 북클럽에서도 책임질 수 있는 역할을 제안한다면 더욱 동기부여가 되겠지요. 이렇게 각자의 성향, 다른 배움의 통로는 학습 속도에도 영향을 미칩니다. 이성형은 텍스트를 통해, 감성형과 행동형은 사람과 체험을 통해서 더욱 빨리 배울 것입니다. 북클럽 회원들을 향해 이런 이해가 있다면 다양한 배움의 유형을 북클럽에서도 적용해 볼 수 있습니다.

동서양 공부 방식

다음은 KBS 프라임 다큐멘터리 〈공부하는 인간〉 5부작에서 소개된 내용인데요. 동, 서양 공부 방식이 다른 것을 비교하면서 나라마다 학습 방식을 보여주고 있어요.

동양식 공부의 핵심은 혼자 사색과 성찰을 통해서 완벽한 이해와 암기하는 학습 방식을 추구합니다. 지식을 홀로 암기하는 장면이 지금도 눈에 선합니다. 반면 서양식 공부의 핵심은 두 사람 이상 대화와 토론을 통해 자기만의 생각을 만들어가는 것입니다. 특히 이스라

엘 도서관의 모습은 충격적입니다. 보통 도서관이 조용하다는 선입견을 깨고 이곳의 도서관은 매우 시끄러워요. 두 사람씩 짝을 지어 끊임없이 떠들기 때문입니다. 책을 조용히 읽는 모습을 찾아볼 수 없습니다. 이들은 지식의 내용을 생각 없이 습득하는 것이 아니라 그에 대해서 질문하며 자기 생각을 토해내며 새로운 아이디어들을 창조해내고 있었습니다.

북클럽에서 동양식 공부 방식은 토론 전에 텍스트를 읽을 때 적용됩니다. 책을 읽을 때는 그 목적과 장르에 따라 정독과 속독, 완독과 윤독 등 다양한 독서법을 활용합니다. 다양한 독서법을 활용하기 위해서는 먼저 읽기 근육을 늘릴 필요가 있겠지요. 글은 쓸 때 글이 글을 부르듯, 책도 읽을수록 읽어집니다. 속독법이 유행하기도 했는데요. 사실 많이 읽으면 좀 더 빠르게 읽게 됩니다. 빌 게이츠에게 워런 버핏이 물었죠. 갖고 싶은 능력 하나 있다면 무엇이냐고요. 그는 답합니다. “빠르게 읽는 거요.”

서양식 공부 방식은 다양한 독후 활동이 이에 해당합니다. 북클럽 활동도 독후 활동 중에 하나로 볼 수 있습니다. 읽고 열심히 토론하고 함께 질문도 만들어보고 필사와 글쓰기도 함께 하면서 다양한 생각이 존재함을 알게 되죠. 그것을 융합해서 자기만의 생각을 만들어 갑니다. 우리의 삶이 다 다르기에 거기서 자신만의 정답을 찾아가는 것이지요. 과거에는 한 가지 정답만을 좇아갔다면 이제는 모두가 정답일 수 있습니다. 이 과정에서 주체성을 갖게 되며, 깊이 있는 사고력도 길러집니다.

북클럽은 동양과 서양의 공부 방식이 모두 적용되는 공간입니다. 책을 읽는 북클럽 전의 활동은 동양의 공부 방식에 해당되구요. 대화와 토론, 다양한 활동을 하는 북클럽에서의 과정은 서양의 공부 방식이지요. 이 두 가지가 모두 적용되는 공간이 북클럽입니다.

배움과 기억

학습 역삼각형에 따르면, 배운 것을 기억하는 정도는 학습 방법에 큰 영향을 받습니다. 읽으면 10%, 들으면 20%, 보면 30% 기억하고, 영상이나 실제 상황을 통해 보고 들으면 50% 정도 기억할 수 있습니다. 이야기나 토론을 통해 말하면 70%를 기억할 수 있고, 실제 경험이나 시뮬레이션, 역할극을 통해 말하고 행동하면 90% 이상 기억할 수 있습니다.

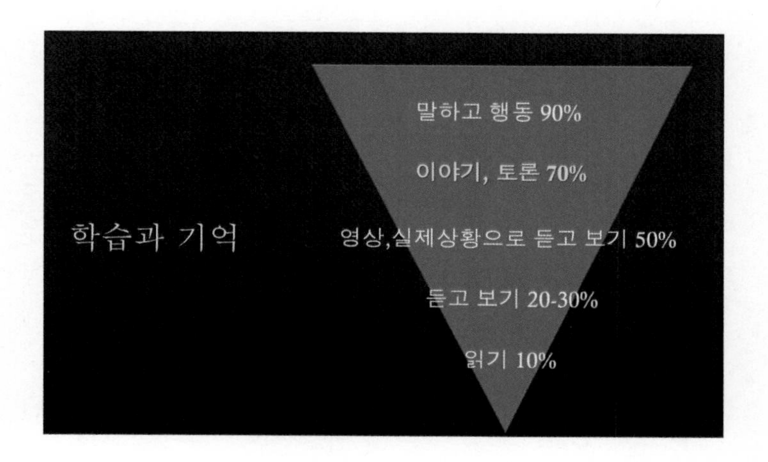

학교에서 지식을 전달하는 대표적인 방법이 혼자 읽거나 강의를 듣는 것인데요. 가장 비효율적인 방법이죠. 학습 효과와 기억률을 높이려면 위의 학습 피라미드를 생각하며 학습 방법을 활용해야 합니다. 읽기와 수동적인 듣기에서 벗어나서 영상을 보고, 토론하며 실제 체험할 방법을 사용해야 하는 거죠. 이런 방식을 통해 실수도 해 보며 경험치가 쌓인다면 그 속에서 배움을 얻게 됩니다.

학습 역삼각형을 고려한다면 단순히 읽는 것에 그치는 독서법보다는 질문과 대화, 토론과 발표 등 말하고 행동하는 방식을 적용한 북클럽은 매우 효과적이라는 것을 알 수 있습니다. 북클럽에서 이루어지는 이야기와 토론은 학습한 것을 기억하는데 70%의 효과가 있습니다. 그래서 북클럽에서 함께 이야기한 책은 더 진하게 내 머리와 몸속에 남아 있는 것이지요. 가장 좋은 학습 효과는 말하고 행동하는 것입니다. 90%의 효과가 있습니다. 이는 남에게 내가 읽은 책을 소개하거나, 여러 책을 읽고 편집하고 나만의 경험과 생각을 덧붙여서 강의나 실천으로 아웃풋을 한다면 얻을 수 있습니다.

멤버에 대한 이해와 대처

사람이 모인 공간에는 다양한 유형의 사람이 있습니다. 약간 극단적일 수 있지만 몇 가지 유형으로 나눠 사람을 이해해 보려 합니다.

박수다, 그는 말이 너무 많습니다. 처음 모임의 분위기를 끌어주는 데는 매우 좋습니다. 그런데 혼자만의 수다가 계속 이어지거나 논점에서 어긋난 말을 쏟아낸다면 모임이 불편해지기 시작합니다. 책을 안 읽어올 때는 더욱 핵심이 없고 피상적인 말만을 쏟아냅니다. 이때 다른 사람들은 조용해지거나 딴생각에 빠져버립니다. 지나치게 말이 많은 사람이 모임을 계속 주도한다면 모임의 생명력이 약해질 수 있습니다.

북클럽에서 이런 사람을 다루기가 아마 가장 힘든 일 중 하나일 거예요. 이때 리더는 되도록 이 사람과 눈이 덜 마주치는 곳에 앉습니다. 눈이 자주 마주치고 고개가 끄덕여진다면 더욱 말하라는 신호로 알고 계속 이야기하기 때문입니다. 때론 다른 사람이 이야기하도록 "은미님은 어떻게 생각하시나요?"라고 물으며 기회를 주거나, 다른 논제로 이동하여 화제를 전환합니다. 인원과 시간을 계산해서 한 사람당 이야기하는 시간을 정하면 좋습니다. "한 사람당 2분 정도만 이야기해 주세요, 2분이 넘어가면 제가 표시하겠습니다, 그 표시는 말을 이제는 정리해 달라는 것으로 알아주세요!"라고요. 그러면 리더가 말 중간에 개입해도 상처받지 않고 서로의 기분도 상하지 않습니다. 또는 모든 사람이 한 번씩 자신의 의견을 말할 때까지는 누구도 두 번 말할 수 없다는 규칙을 정해봅니다. 보통 말하는 사람은 계속 말하고 말하지 않는 사람은 계속 안 하는 경우가 많거든요. 그럴 때 저는 "이 논제는 전 논제에서 이야기하지 않은 사람이 먼저 이야기해볼까요?"라고 먼저 기회를 줍니다.

침묵을 힘들어하는 수다형도 있습니다. 조금이라도 침묵하면 그 시간을 못 견디고 바로 대화에 끼어듭니다. 이들에게는 침묵도 괜찮은 것이며, 사람들이 잠시 생각할 수 있는 시간임을 알려주세요. 자유로운 대화 분위기는 좋지만 한 사람이 모임을 독점하는 것을 방치해서는 안 됩니다. 만약 위의 모든 방법을 썼는데도 문제가 해결되지 않는다면 따로 권면하는 것도 필요합니다. 대신 어느 정도 신뢰가 있어야겠죠. 모임의 취지를 설명하고 모든 사람이 말할 수 있도록 리더인 나를 도와달라고 부탁해 봅니다.

서봉창, 이들은 토론 주제와 무관하게 늘 이야기하는 사람을 말합니다. 책을 안 읽고 와서 주제와 상관없는 이야기를 합니다. 논제의 핵심을 잘 파악하지 못해서이기도 하겠지요. 그러나 늘 그렇다면 이 또한 모임을 산만하게 만들 것입니다. 리더는 봉창이의 의도를 파악해 보고, 그의 관심을 무시해서는 안 됩니다. 봉창이에게 이런 말을 건네 보세요. "봉창님, 재미있는 생각이네요, 하지만 이 논제와 살짝 비껴간 것 같으니 다음번에 더 이야기해 볼까요? "라고요. 리더는 생산적이지 않은 토론에 적극적으로 간섭해야 합니다. 그냥 내버려 두면 모두가 웃고 있지만 멤버들의 욕구 불만은 자꾸만 커집니다.

왕뺀질, 뺀질이는 모든 일에 소극적입니다. 늘 나온다고 하고 갑자기 못 나오거나, 한 두 번이 아니라 계속 비참여적입니다. 어떤 이유에서 그렇게 행동하는지 파악해 볼 필요가 있고요. 소속감만 누리려고 해서 여러 커뮤니티에 걸쳐만 있는 사람도 있습니다. 자신을 알리려는 마케팅 차원에서 참여하는 분도 있습니다. 물론 정말 참여하고 싶지만 개인적으로 정말 바쁘거나 사정이 있을 수도 있어요. 리더는 회원들에게 모임의 목적, 운영원칙, 서로에게 주는 영향에 대해서 이야기해야 합니다. 정기적으로 모임의 방향성, 운영원칙 등을 상기해 줄 필요가 있습니다.

끝순이, 끝순이는 매일 늦습니다. 어쩌다 한 번이 아니라 계속 그런 경우가 문제가 됩니다. 끝순이는 왜 그럴까요. 이유는 늘 있습니다. 책보다는 소속감, 친교의 목적인 경우도 많고요. 여기저기 여러 모임에 걸쳐 계신 분도 있습니다. 계속 그런 행동이 있을 때는 운영원칙이나 모임에 주는 영향을 상기시켜 주어야 해요. 리더는 제시간에 시작하고 참여하도록 격려해야 합니다.

고요순, 고요순은 너무 조용합니다. 그래서 다른 회원들은 그가 정말 이 모임에 관심이 있는지 궁금해합니다. 오랜 침묵은 모임에 걸림돌이 될 수 있습니다. 책을 안 읽어와서 일시적으로 침묵할 수도 있어요. 원래 성향이 조용하고 말이 없어서 말할 기회를 자꾸 놓칠 수도 있습니다. 리더는 모든 이가 골고루 말하도록 격려해야 합니다. 요순이는 리더 앞에 앉히면 좋습니다. 눈을 보면서 격려해주고, 말로 표현하지 않는 비언어적인 언어를 읽으려고 노력하세요. 때론 이름을 부르며 말할 기회를 적극적으로 주세요. 그리고 늘 대답해 준 것에 대해서 감사의 마음도 전해 용기를 전합니다.

최교리, 교리는 정답만을 이야기하는 사람입니다. 자신이 모든 정답을 알고 있다고 확신합니다. 다소 쟁점이 되는 이슈에 대해서도 강경 입장을 고수합니다. 자신이 많은 것을 알고 있다는 것을 인정받기 위해 자신의 주장을 굽히지 않아요. 좀 더 다양한 이야기를 듣고 싶은 논제에 관해서도 너무 확고한 입장을 밝히거나 다른 이의 발언에 대해서 딴지를 걸어서 분위기를 차갑게 만듭니다. 교리님의 강경한 발언은 다른 이가 말하는 것에 의욕을 상실케 할 수 있어요. 리더가 적절히 개입하지 못한다면 회원들의 참여에도 지장을 주게 됩니다.

그런데요. 사실 이런 사람이 북클럽에 나와야 합니다. 이런 사람은 오랜 시간 혼자 책을 읽어왔을 거예요. 그래서 자신만의 확고한 신념을 쌓아왔을 것입니다. 책을 많이 읽는 것이 중요하지 않아요. 오히려 읽을수록 '내가 모르는 것이 많구나'라면서 자신의 부족함을 인정하는 것이 책을 읽는 바른 자세입니다. 북클럽을 통해서 얼마나 다양한 생각과 삶의 방식이 존재하는지를 알 필요가 있습니다.

북클럽은 작은 커뮤니티입니다. 커뮤니티 속에서 우리는 서로 영향을 주고받습니다. 요즘에는 수 십 명, 수백 명이 모여 있는 톡방, 카페 등이 많이 있습니다. 거기서는 한 사람이 주는 영향이 그리 크지 않습니다. 그러나 작은 모임일수록 한 사람의 말과 행동은 서로에게 많은 영향을 줍니다. 큰 모임보다 긍정적인 영향도 더 크고, 부정적인 영향도 더 큽니다.

북클럽은 다 매력적인 사람만 모아놓은 공간이 아닙니다. 처음 만날 때는 다 신선하고 새롭고 활기가 넘칩니다. 그러나 모임이 지속되고 익숙해질수록 처음의 매력이 떨어지고 각자의 문제가 드러납니다. 모든 관계가 그렇습니다. 저마다 깨어진 가정의 짐이나 상처를 안고 옵니다. 오랜 시간 수련하고 회복해서 참석하는 사람도 있습니다. 그러나 여전히 해결하지 못한 정서적 문제, 낮은 자아상, 열등감, 소외감, 좌절감, 죄책감, 쓸모없음, 사랑받지 못하고 있다는 거절감 등의 마음의 짐을 안고 이 자리에 옵니다.

동일 문제라도 드러나는 형태가 다 다릅니다. 그 형태가 박수다로, 서봉창으로, 고요순으로 드러나는 것뿐입니다. 똑같이 상처가 있더라도 자신의 타고난 성향과 조합이 되어 어떤 이는 불안을 감추기 위해 박수다로, 어떤 이는 사랑받지 못할 거라는 거절를 회피하는 고요순으로 드러납니다. 알고 보면 그런 문제들이 다 하나씩 있습니다.

리더도 마찬가지입니다. 완벽해서 리더를 한다면 아무도 시작하지 못할 거예요. 『상처 입은 치유자』라는 책도 있는 것처럼 완벽함이 아닌 상처 입은 자로서 리더십을 행하는 것입니다. 어느 정도 치유를 경험했다고 할지라도 또 다른 사건으로 흔들리고, 매일 여러 감정의 파도를 겪으며 힘들어합니다. 나는 리더니깐 '절대 상처 안 받아.'가 아닙니다. 예전처럼 큰 돌덩어리는 아니지만 작은 돌덩어리들이 일상 곳곳에 숨어 있기에 리더도 이 공간을 통해서 위로받고, 배우고, 이 연결 안에서 교감하고 채워지며 함께 성장하기를 기대하며 나아가는 것입니다. 이제 젊은 사람이 거꾸로 나이가 더 있는 분을 역멘토링하기도 합니다. 어린 사람을 통해서도 배울 것이 있고, 나보다 연배가 높은 분을 통해서도 배울 것이 있습니다. 나이가 많다고 더 배우는 것도 아니고, 어리다고 해서 그 사람에게 배울 것이 없는 것도 아닙니다. 이런 마음으로 북클럽을 시작해 보면 좋겠습니다.

글쓰기 과제

오늘은 북클럽 멤버들을 생각하면 시 한 편 필사해 볼까요.
터키와 이란에서 신비시의 위대한 대가로 알려져 있으며, 이슬람 법학자
이자 철학자이기도 합니다. 잘랄루딘 루미의 '여인숙'이라는 시입니다.

여인숙 (잘랄루딘 루미)

인간이라는 존재는 여인숙 같다.
매일 새로운 손님이 도착한다.

기쁨, 절망, 슬픔
그리고 조금의 순간적인 깨달음이
예상치 못한 손님처럼 찾아온다.

그들 모두를 환영하고 맞아들이자
때로는 슬픔에 잠긴 사람들이 몰려와
그대의 집을 난폭하게 쓸어가고,
가구들을 몽땅 끌어낸다 해도
그렇다고 해도 각각의 손님들을 존중하라.

그들은 미지의 기쁨을 주기 위해
빈자리를 마련하는 역할인지도 모르니까.

어두운 생각, 부끄러움, 후회
그들을 문에서 웃으며 맞이하자.
그리고 집안으로 초대하자.
누가 들어오든 감사히 여기자.

모든 손님은 저 너머의 땅으로 우리를
안내할 테니까.

03 북클럽에서의 논제 만들기

질문하지 않는 사람들

오바마 대통령 기자회담

지난 2010년 9월에 G20 서울 정상 회의 폐막식에서 버락 오바마 미국 대통령이 폐막 연설 직후 한국 기자들에게 질문을 요청했습니다. 한국 기자 중 아무도 질문하지 않았습니다. 오바마 전 대통령은 다시 말했습니다.

"한국어로 질문하면 아마도 통역이 필요할 겁니다. 사실 통역이 꼭 필요할 겁니다."

청중이 웃음을 터뜨리는 가운데 한 중국 기자가 손을 들었습니다.

"실망하게 해서 죄송하지만 저는 중국 기자입니다. 제가 아시아를 대표해서 질문을 던져도 될까요?"

오바마는 "저는 한국 기자에게 질문을 요청했습니다."라며 다시 한국 기자에게 기회를 주었습니다. 오랜 시간 정적이 흘렀지만 아무도 손을 들지 않았고 결국 중국 기자에게 질문 기회가 넘어갔습니다.

이 장면은 한동안 우리 사회의 부끄러운 사건으로 회자가 되었었는데요.

기자는 누구입니까? 누구보다도 질문을 많이 하는 사람들입니다. 기자는 국민을 대신해 질문하는 사람입니다. 그들이 정말 질문할 것이 없어서 질문을 하지 않았던 것일까요? 그렇지 않을 것입니다.

EBS에서 〈왜 우리는 대학에 가는가?〉라는 주제로 한 프로그램을 방영했는데요. 기자들에게 위 영상을 보여주고, 만약 당신이 저 자리에 있었다면 어땠을지 질문합니다. 대부분의 기자가 자신 또한 저 자리에 있었다면 손을 들지 못했을 거라고 고백합니다.

그 이유에 대해서 '질문하는 건 내가 부족하다는 것'을 남들 앞에서 드러내야 하는 부담감이 있기에 '몰라도 아는 척 앉아 있게 된다.'라고 대답합니다. 만약 내가 질문하게 되면 다른 기자들이 '뭐 저런 질문을 하느냐?'고 말하지 않지만 비아냥거리거나 눈치를 주기 때문이라고도 말합니다. 질문하기를 꺼렸던 우리의 이유와 크게 다르지 않습니다.

선진국과 후진국의 차이

『눈 떠보니 선진국』이라는 책에서 저자는 선진국과 후진국의 차이에 관해서 설명합니다. 그는 "한국은 전쟁의 잿더미에서 나라를 다시 일구기 위해서 미친 속도로 앞선 나라를 따라잡기에 급급했는데요. 무엇을, 왜 해야 하는지 물을 이유도 여유도 없었던 건 거죠." 라고 말합니다. 후진국은 언제든지 베낄 것이 있습니다. 그런 측면에서 '한국은 세계 최고의 후발 추격국'이었던 것입니다.

반면 선진국이 된다는 것은 '정의를 내리는 것'이라고 설명하는데요. 그들은 '왜?'라는 물음에 답하기 위해서 오랜 시간을 투자합니다. 독일 정부는 4차 산업혁명을 준비하기 위해 2년이 넘는 시간 동안 전 사회적 토론을 했다고 해요. 4차 산업혁명이 무엇이고, 우리 사회에 어떤 영향을 미치게 될지를 정의하기 위해서 말이지요. 그 결과물을 〈산업 4.0〉과 〈노동 4.0〉으로 만들었는데요. 토론이라는 과정은 사실 지리멸렬할 수도 있고, 딱 부러지게 결론이 나지 않을 수 있습니다. 그런데도 독일은 한 사람의 엘리트 지도자가 다스리는 것이 아니라 오랜 시간이 걸리더라도 많은 이가 참여하는 사회적 공론의 장을 통해서 미래 사회를 준비해 갑니다.

물음 없이 누가 내린 정의를 그저 쫓아가는 사람과 조금 늦을 수 있지만 끊임없는 질문과 경청을 통해 결론을 함께 만들어가는 사람 중에 누가 더 지속가능하며 희망이 있겠습니까? 시간과 에너지를 투자해 질문을 만들며 답을 찾아가는 과정을 거친 국가와 개개인은 쉽게 흔들리지 않으며 더 막강한 파워를 가지게 될 것입니다.

논제를 꼭 준비해야 하나요?

논제가 없어도 감상을 나누는 형식으로 진행할 수 있습니다. 그러나 최소한의 논제는 준비하는 것이 좋습니다. 논제가 없을 시에 나눔의 방향이 산으로 가도 돌아갈 곳이 없습니다. 회원들이 책을 꼼꼼히 읽어오고 나누고 싶은 부분을 구체적으로 체크해 오지 않는 이상, 나눔만 하는 형식에는 한계가 있습니다.

논제는 북클럽의 가이드 역할을 합니다. 대화가 가끔 산으로 가더라도 돌아갈 곳이 있습니다. 그리고 단순히 전체적인 소감뿐 아니라 책의 구석구석에 새겨진 다양한 주제에 대한 생각을 나눌 수 있습니다.

논제에 매인 토론을 불편해하는 분들도 있습니다. 자유롭게 책에 대한 감상을 나누고 싶은데, 하나의 논제 안에 토론이 갇힌다고 생각을 하는 것이죠. 이렇게 말하는 분들은 대개 연령이 높거나 논리적이기보다는 감상적입니다. 책 보다 사람에 더 관심이 있는 경우도 많습니다. 책을 읽고 사고하고 토론하는 과정이 번거로운 것이지요.

논제가 없이 감상을 나누는 형식으로 진행을 할 수가 있습니다.

그러나 최소한의 논제는 준비하는 것이 좋습니다.

저 또한 때론 논제를 만드는 것이 힘들 땐 그저 자유롭게 토론하고 싶은 마음이 들기도 합니다. 그러나 깊은 토론은 논제를 중심으로 할 때 한 번 더 생각을 자극하고, 사고하게 됩니다. 독서토론 시간이 2시간 정도 소요된다면, 발제 없는 자유형 독서토론일 경우 10명 중 3~4명만 주고받게 될 확률이 높습니다. 나머지는 그저 구경하고 가는 것이지요. 모든 사람의 생각을 들을 때 토론의 자리가 더 가치 있고 참여의의가 있습니다. 나의 발언뿐 아니라 다른 이의 발언을 들으며 우리의 세계는 더 넓어지기 때문에 몇몇 사람만 이야기한다면 모두가 손해가 보게 됩니다. 이때 논제문은 균형 있게 모든 사람이 참여하도록 하는 데 리더와 멤버 모두에게 유용한 도구가 됩니다.

질문을 리더만 준비하지 않고 모든 회원이 하나씩 만들어 오면 더욱 풍성한 모임이 됩니다. 물론 질문 만드는 것에 대한 약간의 교육과 연습이 되어 있다면 더욱 좋겠지요. 번거롭고 불편할 수 있지만 모든 회원이 이 과정을 통해서 책을 깊게 읽게 됩니다.

몇 년 전에 도서관에서 독서 모임을 함께 한 적이 있습니다. 모든 멤버가 논제를 한두 개씩 만들어 왔는데요. 이는 리더의 부담을 덜 뿐 아니라 여러 질문을 준비해 놓았기에 모임 진행에 대한 걱정이 없었습니다. 제한된 시간 안에 질문을 다 감당할 수 없기에 몇 가지만 뽑아서 토론했습니다. 당시 7~8명의 회원이 참여했는데, 2시간

동안 4~5개의 질문만 할 수 있었습니다.

모임 전에 논제문을 미리 공유하면 회원들이 모임을 준비해 올 수 있기 때문에 더욱 알찬 모임이 됩니다. 또한 논제는 산만한 모임에서 중심을 잡아주고, 조용하고 말이 끊기는 모임에서는 대화를 다시 이어갈 수 있도록 도와줍니다.

발제문이 전부는 아닙니다. 발제문은 분명히 모임의 중심을 잡아주며 토론의 길잡이가 됩니다. 혹 책을 읽어오지 못한 회원에게 잘 준비된 논제문은 참조가 됩니다. 그러나 리더는 책의 내용, 주제, 북클럽 모임 당일의 상황에 따라서 좀 더 유연하게 인도해도 됩니다. 발제라는 형식에 갇힐 필요는 없습니다. 아무리 탄탄한 발제문을 준비했다고 할지라도 오가는 대화는 부실할 수 있음을 유념하세요.

많은 사람이 질문 만드는 것을 어려워합니다. 아무래도 우리가 받은 주입식 교육, 권위주의와 위계질서를 중시하는 문화의 영향이 크겠지요. 저자의 말이면 무조건 신봉하는 사람도 있습니다. 감히 책을 쓴 저자에게 어떻게 함부로 딴지를 걸 수 있을까 하는 마음 말이지요.

그러나 질문한다는 것은 책의 내용에 대해서, 책 속에 나타난 저자의 생각에 대해서 동의하지 않을 수도 있다는 말입니다. 이런 기본 전제를 가지고 우리는 책을 읽습니다. 질문을 하지 않을 때는 그저 수동적으로 소비적으로 책을 읽게 되는데요. 질문을 만들기 위해서 우리는 좀 더 책을 능동적으로 반복해서 읽습니다. 질문을 만들면서 저자의 생각이 정말 그러한 지, 다른 방식은 없는지를 꼼꼼히 찾습니다. 이 과정에서 질문을 만드는 이의 사고력은 더욱 발달합니다.

논제 만드는 법

질문은 크게 세 단계로 활용해 볼 수 있습니다.

첫째는 배경지식을 활용한 질문입니다. 인문 고전 도서인 경우나 시대가 다른 책인 경우 어느 정도의 배경지식이 필요합니다. 어휘, 역사적, 시대적 배경지식이 필요할 수 있습니다. 고전이 아닌 현대 도서일지라도 저자 소개나 관련 이슈들에 대한 정보는 책의 맥락을 파악하는 데 도움을 줍니다. 그러한 정보를 미리 찾아서 공유하면 멤버들이 책을 읽는데 흥미와 동기부여를 줍니다.

두 번째는 내용을 파악하기 위한 질문입니다. 보통 내용에 대한 토론 없이 바로 적용 질문으로 들어가는 경우도 있는데요. 이는 모든 책에 대해 동의한다는 의미겠죠. 그러나 우리가 책을 읽는 이유는 저자로부터 배우기 위함도 있지만 때론 그것을 기반으로 또 다른 시각을 갖기 위함도 있음을 기억하세요. 이 부분은 뒤에 논제 만들기에서 좀 더 상세히 살펴보겠습니다.

세 번째는 적용을 위한 질문입니다. 적용은 크게 읽는 중간에 작은 주제들에 대한 적용과 책 전체의 핵심 메시지에 대한 적용으로 나눠 볼 수 있습니다. 또한 개인뿐 아니라 속한 커뮤니티, 사회적 연결점들을 생각하며 적용 질문을 만들어 보면 더욱 유익합니다. 코로

나를 겪은 우리들은 모든 것이 연결되어 있다는 것을 깨달았습니다. 개인적인 실천뿐 아니라 전 지구적인 필요와 결핍을 살피며 함께 행동할 필요가 있습니다.

예를 들어 기후환경이나 ESG 관련 책이라면 개인적 적용과 함께 지역에서 실천해 볼 수 있는 액션을 고민해 봅니다. 문학도서의 경우에는 이야기 안에 저자만의 철학과 세계관이 녹아있습니다. 그것은 등장인물의 대화에서 드러나기도 하는데요. 그것을 중심으로 한 적용점을 개인과 공동체, 사회로 확장해서 적용해 볼 수 있습니다.

적용 질문		
적용의 단상	독서 중 떠오르는 실천사항들	
핵심메시지 적용	개인 적용	나
	공동체, 사회적인 적용	가족, 공동체, 사회

위의 세 가지 질문을 균형 있게 던져 봅니다. 물론 책의 장르에 따라 내용 파악보다는 적용과 실천 중심의 질문에 더 큰 비중을 둘 수도 있습니다. 자기 계발과 같은 실용서 위주의 책은 바로 적용이 필요한 책입니다. 그러나 인문학이나 문학, 에세이와 같은 책은 바로 적용하기가 애매합니다. 오히려 내용을 깊이 파악하면서 그것이 어떤 의미일지, 어떤 해석을 할 수 있는지, 저자의 생각에 정말 공감하는지 또 다른 생각은 없는지 등과 같은 내용에 관해 토론하는 질문의 비중이 더 크면 좋습니다.

저 또한 20년 이상 대학 현장에서 대학생들과 책모임을 해 왔습니다. 논제를 만들어 진행하기도 했지만, 간단히 책을 요약하고 인상 깊었던 부분을 나누는 경우도 많았습니다. 나눔 중심의 독서 모임도 유익하지만 튼실한 질문이 있는 모임의 깊이는 달랐습니다. 질문을 뽑는 과정은 또 다른 시간과 노력이 필요해서 힘들었지만, 그만큼 책을 붙들고 씨름하게 되고, 그렇게 준비한 논제를 가지고 토론하면 더 깊은 나눔과 새로운 해석을 갖게 되는 경험을 하게 됩니다. 책을 읽기는 쉬워도 때론 남는 게 없을 때가 있습니다. 시간은 걸리지만, 그 책을 다시 재독 하면서 질문을 뽑아내고, 그렇게 잘 준비된 질문으로 토론할 때, 우리의 생각과 삶은 더 확장될 수 있습니다.

열린 질문과 닫힌 질문

어떤 모임은 대화보다 침묵하는 시간이 길고, 어떤 모임은 아주 열띤 토론이 이루어지는 이유는 무엇일까요? 두 모임의 차이가 생겼던 이유는 한 모임에서는 그룹원의 참여를 유도하는 질문을 했지만, 나머지 모임에서는 그렇지 못했기 때문이다. 활기 띤 대화의 장과 무미건조하고 참여가 저조한 모임의 차이점은 리더가 어떤 형식의 질문을 하느냐에 달려 있습니다.

크게 열린 질문과 닫힌 질문으로 나눠볼 수 있습니다. 닫힌 질문은 단 하나의 답만 존재합니다. “예” 또는 ”아니오”라는 대답입니다. 리더가 ‘닫힌 질문’을 많이 한다면 책 속에 담긴 지식은 늘어갈 지 모르지만, 모임은 생기를 잃습니다.

열린 질문이 없을 때 활발한 토론은 사라지고 지루하고 따분한 모임이 될 수 있습니다. 열린 질문으로 각자의 이야기와 생각을 풀어놓을 수 있도록 멤버들을 사로잡으십시오.

열린 질문	닫힌 질문
~ 에 대해서 여러분은 어떻게 생각하시나요? ~ 이 장면을 어떻게 보셨나요?	~ 대해서 어떻게 본문은 무엇이라고 말하고 있나요? ~ 대해서 여러분은 동의하나요?

키워드로 토론 주제 뽑기

앞에서 설명했듯이 논제는 배경과 내용, 적용에 대한 질문으로 크게 나눌 수 있습니다. 배경에 대한 정보는 북클럽 전에 간단한 사전조사로 관련 링크를 카톡으로 공유할 수 있습니다. 북클럽 시간에는 내용과 적용 중심의 질문을 중심으로 나눕니다. 여기서 주의할 점은 텍스트에 대한 충분한 토론 없이 바로 적용 질문으로 향하는 것입니다. 물론 책을 읽고 토론하는 이유는 적용이 맞습니다. 그러나 섣부른 적용은 책에 대한 충분한 소화와 비판 없이 맹목적일 수 있습니다. 그래서 이 파트에서는 책의 내용에 관한 다양한 관점을 들어보기 위한 질문 만드는 법을 소개합니다.

발제에 정해진 답은 없습니다. 책을 여러 번 읽으면서 멤버들과 공유하고 싶은 것을 정리하면 됩니다. 책을 읽으면서 밑줄 치고, 함께 토론해 보고 싶은 부분은 다시 중요 표시를 합니다. 논제를 만들려고 할 때 밑줄 친 부분과 중요 표시 부분을 빠르게 읽으면서 논제로 만들 부분을 선택 발췌합니다.

책의 주제는 한 책 안에도 여러 개가 있습니다. 전체의 핵심 주제도 있지만, 각 챕터와 소꼭지로 주제를 좀 더 좁혀갈 수 있습니다. 정 질문이 잘 만들어지지 않는다면 책과 관련된 기사나 서평, 다른 이들의 리뷰, 북튜브 등을 참조해서 토론 거리를 생각해 봅니다.

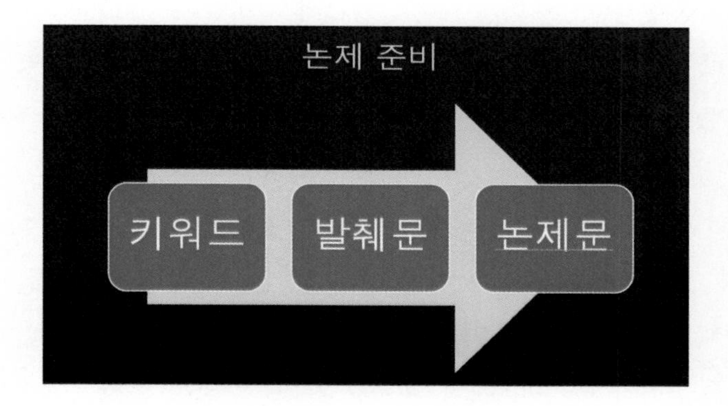

한 권의 책을 읽고 토론 주제를 뽑을 수 있다면, 그 책의 핵심을 생활과 연결하는 적용 질문도 쉽게 만들 수 있습니다. 그러나 막상 주제를 뽑으려 할 때 쉽지 않지요. 이해하기도 버거울 때가 있어요. 잠시 읽기를 멈추고 생각해보는 시간을 가져 봅니다. 저자의 문제의식을 찾다 보면 중요한 주제 키워드를 발견할 수 있고 이를 질문과 연결할 수 있습니다.

우선 키워드부터 찾습니다. 키워드는 책의 주제입니다. 주제를 찾아내면 발제는 쉽습니다. 찾아낸 주제를 '어떻게 잘 정리된 토론 거리로 만들 것인가?'의 문제만 해결하면 됩니다. 한 권의 책에도 여러 개의 주제가 들어 있으니 다양하게 뽑아봅니다.

어른들과 함께 논제를 만들고 미니 토론 실습 가져보았는데요. 초등학생과 함께 토론했던 『비밀 유언장』이라는 책이었습니다. 이 책의 전체 배경은 시골의 도서관에서 벌어지는 일입니다. 이 도서관을 운영하는 할머니로 인해서 어린이부터 어른까지 다양한 사람들이 책으로 변화된 이야기가 그려집니다. 책 전체 주제는 '독서'입니다. 그러나 이 책에 등장하는 사람들의 각 스토리 안에도 학교폭력, 디지털, 철학, 가치 있는 삶, 종이책은 사라지는가 등 다양한 주제가 담겨 있습니다.

키워드에서 중요한 것은 '사람들과 이야기할만한 가치가 있는가?'입니다. 쓸데없는 이야기를 하며 시간을 보내면 공허합니다. 시간 낭비한 듯한 느낌이 들거나, 다시 오고 싶지 않은 감정을 가질 수 있습니다. 함께 이야기하며 의미도 있고 도움이 될 수 있는 키워드를 뽑아내면 좋겠지요. 그리고 그 키워드가 들어있는 책 속 한 문단, 2~3개의 문단 중 일부를 발췌문으로 가져옵니다. 이 발췌문을 요약하고 사람들이 이해하기 쉽게 정리한 것이 논제문입니다. 논제문은 책 속 내용을 질문의 형태로 요약하는 과정이기에 글쓰기 훈련에도 유용합니다.

유형별 논제 만들기

논제 유형은 크게 두 가지로 나눕니다. 자유형 발제와 선택형 발제인데요. 자유형 발제는 토의형으로 앞에서 소개해 드린 열린 질문 형태로 다양한 생각을 들을 수 있습니다. 선택형 발제는 완전한 찬반 형태는 아니지만, 의견이 좀 더 좁혀진 형태로 깊이 이야기할 수 있는 질문입니다. 예를 들어, '등장인물의 행동에 대해서 공감하시나요? 공감하기 어렵나요?', '이 책의 등장인물 중에 누구에게 가장 공감이 가나요?', '개인의 책임과 사회적 책임 중 어느 쪽에 더 공감하시나요?'와 같이 한 쪽을 선택하는 유형입니다. 이야기하다 보면 생각이 바뀔 수도 있습니다.

여러 개의 논제를 준비해 간다고 할지라도 토론을 2시간 진행한다면 모든 질문을 소화하기는 힘든데요. 보통 자유형 논제를 4~5개, 선택형 논제를 2~3개 만들면 충분합니다. 어떤 리더는 준비한 논제를 모두 다루고 싶어 하는데, 무조건 다 소화해야 한다는 강박관념을 내려놓아도 좋습니다. 너무 열심히 많은 것을 나누고 싶어 한 나머지 모임 시간이 길어지면 지쳐서 모임에 또 오는 것이 부담될 수 있습니다. 사람들이 조금 더 이야기하고 싶다는 아쉬움을 남기고 가게 하는 것도 좋겠지요. 초등 4~6학년 아이들과도 이 방식으로 토론을 진행해 보았는데요. 굉장히 재미있어합니다.

장르별 논제 뽑아보기

책의 장르를 크게 문학과 비문학 도서로 구분합니다. 문학도서는 이야기 중심의 책입니다. 이야기 속에, 등장인물들의 행동과 대사 속에 저자의 생각이 숨어있는데요. 그래서 질문은 등장인물들이 이렇게 행동한 이유, 각 인물들의 대화 내용, 장면에 대한 질문을 던져 볼 수 있습니다.

반면, 비문학도서는 저자의 생각을 독자에게 설득시키기 위해서 논리적으로 작성한 글입니다. 저자의 생각이 글의 표면에 그대로 노출이 되어 있습니다. 저자가 가진 문제의식 즉, 생각, 의견, 주장에 대해서 '저자의 이런 생각을 어떻게 보았는지?', '이 생각에 공감하는지?' 또는 '이 책에 나오는 이 주장을 어떻게 보았는지?'의 형태로 질문할 수 있습니다.

논제문 형식 갖추기

어린이 문학도서 『비밀 유언장』이라는 책으로 자유논제와 선택논제 하나를 예로 들어보겠습니다.

* 문학도서 『비밀유언장』 논제 예시

[자유논제]

엄마는 변호사입니다. "법전 말고는 보는 책이 없"습니다. "소설이나 시를 읽는 건 시간 낭비"(p.25)라고 합니다. 그런데도 변호사도 되었고, 돈도 잘 법니다. 그래서인지 엄마는 아들에게 "책을 읽으라고 한 적이 없"(p.23)습니다. 그녀는 아들에게 말합니다. "넌 공부 잘하잖아. 굳이 책 안 읽어도 사는 데 아무 지장 없어"(p.25)라고요. 여러분은 엄마의 이런 생각을 어떻게 보셨나요?

> 엄마는 지금까지 나한테 책을 읽으라고 한 적이 없었다. 난 그게 편하고 좋기는 했지만 좀 이상하기도 했다. 다른 엄마들이랑 달라도 너무 달랐으니까.
>
> "넌 공부 잘하잖아. 굳이 책 안 읽어도 사는 데 아무 지장 없어."
>
> 엄마는 변호사다. 법전 말고는 보는 책이 없다. 어떻게 변호사가 되었는지 신기할 정도다. 엄마는 소설이나 시를 읽는 건 시간낭비라고 했다. 어차피 공부에 도움이 되려고 보는 건데 난 이미 공부를 잘하니까 책은 볼 필요가 없다는 거다. 엄마는 시험 볼 때 필요한 책 말고는 하나도 안 봤지만 남들이 부러워하는 변호사가 되었고 돈도 잘 번다. (p.23-24)

[선택논제 예시]

할머니가 돌아가시고 도서관을 처리해야 할 순간이 왔습니다. 엄마는 아들에게 "세상엔 여러 가지 삶의 방식이 있고 개인의 취향은 존중되어야만 해. 독서는 그들이 좋아하는 취미일 뿐이지."(p.149)라고 말합니다. 이어서 그녀는 "도서관에 모여서 종이책을 읽는 시대는 끝났어. 인터넷 플랫폼이 도서관을 대신하고 모니터가 종이를 대체할 거야."(p.150)라고도 덧붙이는데요. 여러분은 엄마의 이런 생각에 공감하시나요?

> "오래가지 않을 거야. 도서관에 모여서 종이책을 읽는 시대는 끝났어. 인터넷 플랫폼이 도서관을 대신하고 모니터가 종이를 대체할 거야."
>
> 엄마가 하는 말을 다 이해할 순 없었지만 나도 어느 정도는 공감했다. 책이 아니어도 필요한 정보는 다 얻을 수 있고, 책보다 재미있는 건 얼마든지 있다. 책은 인터넷도 게임도 영화도 없던 시절이 최고 전성기였다. 호랑이가 없는 숲에서는 늑대가 왕이 되는 것처럼, 석기 시대에서 청동기 시대로 넘어가는 것처럼 지금은 종이책에서 인터넷과 인공 지능 정보로 넘어가는 시대인 거다. 나는 그렇게 생각했다. (p.150)

- 공감한다.
- 공감하기 어렵다.

* 비문학도서 『낯선 시선』 논제 예시

[자유논제]

저자는 쉬운 글은 "익숙한 논리와 상투적 표현으로 쓰여 아무 노동 없이 읽을 수 있는 글"이라고 합니다. 그것은 "익숙하기 때문에 쉽게 느껴"(p106)진다는 것입니다. 사회적 약자의 언어는 내용이 어려워서가 아니라 익숙하지 않기 때문에 어렵게 들릴 수 있습니다. 그녀는 약자의 목소리를 억압하고, 새로운 사유의 등장을 막는 "쉬운 글을 선호하는 사회는 위험하다"(p.108)라고 주장합니다. 그래서, "쉬운 글은 내용이 쉬워서가 아니라 이데올로기여서 쉬운 것"이라고 말하는데요. 여러분은 저자의 이런 생각을 어떻게 보셨나요?

> 좋은 글은 가독성이 뛰어난 글이다. 그러나 '쉽게 읽힌다'는 말은 많은 설명이 필요하다. 내 생각에 쉬운 글에는 두 종류가 있다. 하나는 익숙한 논리와 상투적 표현으로 쓰여 아무 노동(생각) 없이 읽을 수 있는 글이다. 익숙함은 사고를 고정시킨다. 쉬운 글은 실제로 쉬워서가 아니라 익숙하기 때문에 쉽게 느껴지는 것이다. 진부한 주장, 논리로 위장한 통념, 지당하신 말씀, 제목만 봐도 읽을 마음이 사라지는 글이 대표적이다.
> 쉬운 글을 선호하는 사회는 위험하다. 쉬운 글은 내용이 쉬워서가 아니라 이데올로기여서 쉬운 것이다. 쉬운 글은 지구를 망가뜨리고(종이 낭비), 약자의 목소리를 억압하며, 새로운 사유의 등장을 가로막아 사이비 지식을 양산한다. 쉬운 글이 두려운 이유다.(p.108)

[선택논제]

과거에는 취미, 회사, 헬스장, 여성, 상표 등이 '구성원임을 증명하는 표식'이었지만, 현재는 휴대폰이 '신분증, 시민권 증명서'(p.185)의 역할을 합니다. 자신을 알리는 시민권이 "통신사의 회원권으로 대체된 것"(p.189)입니다. 이로 인해 저자는 "국가의 역할을 자본주의가 대신하"게 되고, 국민은 자발적으로 자신을 착취하는 계급에 종속되었다고 말합니다. 그녀는 휴대폰이 없는 사람으로도 유명한데요. 그녀는 그것은 "'우리'가 만든 새로운 통치 체제"(p190)가 되었다고 주장합니다. 여러분은 저자의 이런 생각에 공감하시나요?

> 여담이지만, 내가 하는 사회를 위한 유일한 실천은 물건을 사지 않는 것이다. 그래서 먹을거리 외에는 거의 구입하지 않는다. 기본적인 가구도 없다. 승용차는 물론 운전면허증도 없고, 텔레비전, 헤어드라이기, 전자레인지 등 가전제품이 없다. 어머니가 돌아가신 후 냉장고도 사용하지 않는다. (p.185)
> 휴대전화로 공중전화가 사라졌다. 이는 언뜻 비용 절감, 합리적인 정책 같지만 '우리'가 만든 새로운 통치 체제다. 과학 기술, 자본, 소비라는 개인의 자유 의지의 합작품인 것이다. 첨단 기술이 인간을 자유롭게 한다는 생각은 기업의 대대적 광고로 인한 착각이다. 공중전화처럼 공공 영역의 서비스가 이런 방식으로 자연스럽게 사라진다면? 인간과 기본권의 정의가 자본의 의해 좌우되는 사회가 도래할 것이다. 아니 이미 도래했다.(p.190)

- 공감한다.
- 공감하기 어렵다.

위의 박스 안에 있는 내용은 책에서 가져온 발췌문입니다. 이 발췌문을 요약 정리해서 질문의 형태로 만든 것이 논제문입니다. 논제문은 한 문단 쓰기라고도 볼 수 있는데요. 한 문단에는 보통 하나의 주제가 들어 있지요. 한 문단은 하나의 생각 덩어리입니다. 한 문단 안에 여러 개의 주장이 들어있으면 혼란을 주듯이, 논제문 하나에 하나의 질문만 넣습니다.

논제문은 핵심 문장에 담겨 있는 저자의 생각을 질문으로 가져온 것입니다. 핵심 질문은 논제문 마지막에 옵니다. 핵심 문장이 담긴 핵심 질문 전의 모든 문장은 이를 보충하는 뒷받침 문장이라 볼 수 있습니다. 보통 한 문단 안에 핵심 문장은 처음에 오지만, 논제문에서는 거꾸로 마지막에 옵니다.

논제문을 정리하는 방법은 글쓰기 기본 원칙과 정리합니다. 문장과 문장의 흐름이 매끄럽게 연결되도록 하고, 주어 술어를 일치시키고, 반복어를 사용하지 않고, 장문보다 단문으로 가독성을 높이도록 합니다. 기본적인 글쓰기 원칙으로 정리하는 연습을 하면 글쓰기 실력이 매우 향상됩니다. 한 문장이 한 문단이 되고, 한 문단을 여러 개 모으면 소꼭지 하나가 완성되고, 소 꼭지를 여러 개 모으면 책 한 권도 만들 수 있으니까요. 그래서 이 한 문단 쓰기를 우습게보면 안 됩니다. 이처럼 논제문 쓰기는 글쓰기 훈련에도 매우 도움이 됩니다.

논제문을 쓰는 팁을 정리해 드리면 다음과 같습니다.

- 하나의 논제문 안에서 발췌 문장은 문단의 40~50%로 구성한다.
- 인용은 큰따옴표 " ", 강조하거나 속으로 하는 말은 작은따옴표 ' '을 사용한다.
- 책 속 문장을 인용함으로 객관성을 확보하고 주관적 해석이 들어가지 않도록 한다.
- 논제문은 4~7문장으로 구성한다. 너무 짧으면 이해가 안 되고, 너무 길어도 가독성이 떨어진다.
- 마지막 질문은 짧게, 마지막 질문 바로 앞이 핵심 질문으로 책 속에서 발췌한다.
- 페이지를 (p.)로 표시한다.
- 같은 페이지가 여러 개 나오면 마지막 인용에만 페이지를 표시한다.
- 핵심 문장 안에 행동이 들어가 있으면 질문도 행동에 대한 질문이어야 한다.
- 논제문은 위로, 발췌문은 아래 박스로 처리한다.
- 선택 논제에서 공감에 대한 질문은 '공감한다', '공감하기 어렵다'로 표기한다.

이렇게 내용에 대한 논제문으로 토론 시간 70~80%를 활용합니다. 나머지 20~30%의 시간에 책의 핵심 적용질문 한 두 개로 마무리합니다. 이 적용은 토론이 아닌 글쓰기 형태로도 할 수 있습니다. 토론 또는 글쓰기 형태로 적용과 실천 부분을 정리합니다. 저는 인원이 너무 많거나 적용 질문까지 시간 안에 마치기 힘들 경우에는 미니 글쓰기 형태로 마무리하고, 카페나 SNS에 남기도록 합니다.

진행 순서는 어떻게 해야 하나요

우선 책에 대한 전체적인 감상을 나눔으로 시작합니다. 본격적으로 논제로 들어가면 주제가 좁혀지기 때문에 전체적인 소감을 자유롭게 나누고 논제로 들어가면 그 아쉬움을 조금이나마 해소할 수 있습니다. 먼저, 별점과 소감을 나눕니다. 별점과 소감을 한꺼번에 이야기하지 않고 분리해도 괜찮고요. 한 사람씩 돌아가면서 별점만 이야기한 후, 높은 별점과 낮은 별점을 왔다 갔다 하면서 소감을 듣는 방식도 재미있습니다. 좋은 점과 아쉬운 점을 균형 있게 적절히 들을 수 있어 참여자들이 흥미를 갖게 됩니다.

이어서 책 속에서 인상 깊었던 부분을 발췌해서 그 문장을 읽고 왜 그렇지 그 이유도 나눕니다. 그러면 논제 중심을 토론할 경우 이야기하고 싶은데 미처 말하지 못한 부분을 여기서 미리 말할 수 있습니다.

소감을 나눌 때는 한 명당 적절한 시간을 정해 제한합니다. 1~2분 정도가 적당합니다. 너무 길어지면 자신도 무슨 말을 하고 있는지 잊어버리거나, 하고자 하는 말의 중심이 변질할 수 있습니다. 소감 나누기는 길어도 전체시간 중 15~20분 이내로 짧게 마무리하는 것이 좋습니다.

그다음 준비된 논제로 들어갑니다. 2시간 기준으로 토론 참여자가 10명인 경우 한 명당 발표할 수 있는 시간은 최대한 평균 10분 안팎입니다. 만약 토론할 발제가 다섯 개라면 한 개의 발제 당 2분의 시간만이 허락되는 셈입니다. 앞의 별점과 인상적인 부분까지 생각한다면 논제에서 자신이 발언할 기회는 더욱 줄어듭니다. 그래서 리더는 인원에 따라 시간 배분을 미리 생각해 놓아야 합니다. 참여자 한 명이 시간을 초과한다면 다른 사람은 그만큼 발언할 시간이 줄어듭니다. 리더 뿐 아니라 멤버도 시간을 효율적으로 사용할 수 있도록 함께 노력해야 합니다.

마지막으로 적용과 토론 전체 소감을 나눕니다. 적용으로 삶의 변화를 가져오는 개인, 사회적인 실천을 함께 고민합니다. 혼자 읽었을 때와는 다르게 토론하면서 또 여러 감상과 깨달음이 생깁니다. 30초~1분 정도 토론 소감을 나누고 마무리합니다. 한 줄 평으로 짧게 마무리하거나, 자신에게 남는 핵심 키워드 하나를 말해봄으로 인상 깊게 모임을 정리해봅니다.

물론 이 순서에 정답은 없습니다. 한두 차례 모임을 진행하면서 나에게 잘 맞는 방식, 우리 모임에 적합한 순서를 찾는 편이 가장 좋습니다. 주어진 시간에 따라 어떤 순서는 빼도 되고요. 어떤 날은 한 논제에 좀 더 시간을 배분할 수도 있습니다. 그날 분위기에 맞는 새로운 화제를 순발력 있게 제시해 볼 수도 있고요. 논제를 중심으로 하되 이 또한 모임을 깊게 하고 활력을 불어넣는 도구임을 명심하세요.

05 / 북클럽 운영에 관하여

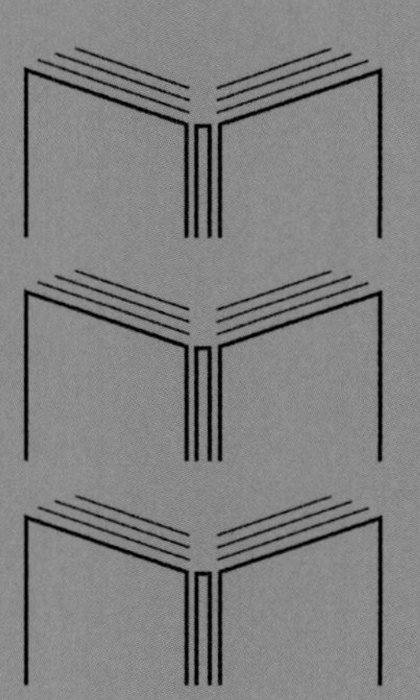

01 모임 주기는 우정의 과정

사람들은 새해에는 새 기분으로 무언가 의미 있는 일을 하고 싶어 합니다. 이때 가장 많이 생각하는 것이 운동과 독서입니다. 새해가 되면 독서 모임에도 사람이 늘어나지요. 그러나 날씨가 더워지는 5~6월경이 되면 독서 모임에 참여하는 인원이 점차 줄어들지요. 여름 휴가철을 넘어서 가을이 되면 본격적으로 인원이 더 줄어듭니다. 단풍 구경을 비롯한 여행 가기 딱 좋은 계절이거든요. 가을에 출판 시장은 가장 불황이라고 합니다. 가을은 독서의 계절이라고 하는 것도 출판사에서 불황을 타개하기 위한 마케팅의 하나가 아닐까요. 12월은 송년회 시즌이라 독서에서 멀어집니다. 이렇게 가을부터 12월까지는 독서의 암흑기가 됩니다.

독서 습관이 자리잡인 사람이 아니라면 매일, 매주, 매해 꾸준히 읽는 것은 쉽지 않습니다. 북클럽 강의를 할 때 첫 시간에는 자기소개 겸 독서 생애주기를 작성하게 하는데요. 어떤 이는 어릴 때 다양한 책을 읽어본 경험이 있습니다. 그런데 어른이 되어서 일과 육아로 독서를 손에 놓았다가 40, 50대 다시 책을 읽기 시작했다는 이가 많습니다. 어릴 때는 책과의 신혼기를 경험하지 못했다가 뒤늦게 새로운 관계를 시작한 이도 있고요. 저는 스무 살 때부터 책과 연애를 시작했는데요. 어떤 이는 책과 계속 갈등합니다. 어떤 이유에서건 '책 읽는다고 돈이 나와 밥이 나와'라는 회의감을 가질 수도 있고, 어른이 되어 정신없이 살다가 책과 관계가 멀어진 이도 있습니다. 책과의 갈등기를 겪고 있는 이도 계시고, 갈등을 잘 헤쳐 나가서 다시 책과의 신혼기를 회복하고 안정적인 관계에 들어선 이도 있습니다. 꾸준히 읽는다면 언젠가 쓰는 사람이 되고, 이것이 충분히 쌓이면 책까지 쓸 수 있는 열매를 맺을 수 있습니다. 여러분은 지금 책과의 관계가 어떠합니까?

한 사람이 책과 가지는 관계처럼 북클럽에도 주기가 있습니다. 1년에 사계절이 있고, 하루 24시간이 오전, 오후, 저녁의 흐름이 있지요. 모든 관계에 신혼과 권태기가 있듯이 모든 모임에도 생명의 주기가 있습니다. 그래서 '북클럽에 열심히 하던 이들이 요즘에는 왜 잘 활동을 안 하지?'라고 생각하는데, 그런 주기가 있을 수 있음을 당연하게 여겨야 해요.

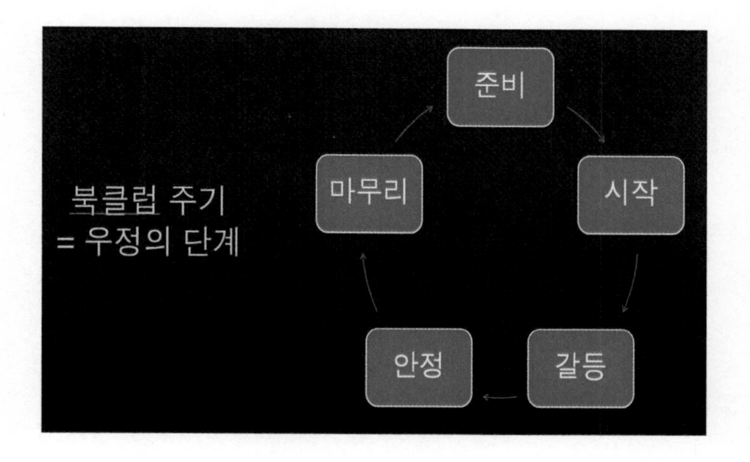

북클럽의 주기는 우정의 과정과 닮아있습니다. 북클럽은 어느 정도 예측 가능한 단계를 통해 성장해 갑니다. 준비에서 시작, 갈등기를 거쳐, 안정과 마무리 단계의 주기를 갖습니다. 각 단계가 겪는 특성과 어려움이 있는데요. 각 단계의 특성을 미리 염두에 두고 있다면 미리 예방할 수 있어서 북클럽을 인도할 때 도움이 됩니다.

모든 모임은 다양한 방법으로 이 단계들을 통과합니다. 간혹 한 단계를 건너뛰기도 하고요. 마지막 단계까지 미처 도달하지 못하는 모임도 있습니다. 멤버의 구성, 여러 가지 상황에 따라서 각 단계를 다양하게 경험하게 됩니다. 인간이 완벽하지 못한 것처럼 북클럽이라는 작은 커뮤니티도 결코 완벽하지 못합니다. 그래서 때론 잘 진전해 가다가도 어느 한 단계에 멈춰버리기도 하고요, 그 이전 단계로 돌아가기도 합니다. 북클럽 리더가 각 단계를 이해하고 있다면 다음 단계로 넘어가도록 하는데, 촉진자의 역할로 도움을 제공할 수 있습니다.

준비단계는요. 북클럽 빙산의 수면 아래에서 태생을 준비하는 단계입니다. 북클럽의 방향성, 모임 형태는 어떻게 할 것인지, 책읽기에 포인트를 둘 것인지, 글쓰기에 집중할 것인지, 운영방안, 멤버모집은 어떻게 할 것인지, 홍보는 어떻게 할 것인지, 시간은 언제로 할 것인지, 나중에 멤버들과 함께 정하더라도 최소한의 준비와 계획이 필요합니다. 첫 북클럽을 시작하기 전에 리더는 이러한 사전 준비단계를 거칩니다. 이 준비를 거쳐서 북클럽이 시작됩니다.

시작 단계에서는 리더뿐 아니라 멤버에게도 기대감과 설렘이 있습니다. 서로를 알아가기 위해 개인 만남을 갖기도 하고요. 많은 대화를 쏟아놓기도 합니다. 이때는 북클럽을 시작했을 때의 방향성과 관계 맺음이라는 두 가지의 목표를 향해서 달려갑니다.

이 시작단계를 거쳐서 모임이 몇 개월 지나가면서 드러나지 않던 갈등이 생깁니다. 리더에 대한 불만이 쌓이기도 하는데요. 어떤 멤버는 리더가 좀 더 확고한 운영원칙을 세워서 방향을 잡아 주었으면 좋겠다고 생각합니다. 어떤 멤버는 리더가 너무 확고하고 강해 멤버들의 의견을 수용하지 않고 자기 마음대로 한다는 불만을 제기할 수 있습니다. 성숙한 리더라면 자신의 리더십에 대한 불만과 비판을 받아들일 준비가 되어 있겠지요. 멤버의 의견에 귀 기울일 수 있는 겸손하고 마음이 강한 리더라면 오히려 북클럽이 한 단계 성장할 기회가 될 것입니다.

멤버가 멤버에게 불만을 가질 수도 있습니다. '저 회원만 없으면 좋겠는데.'라는 생각을 가지기도 합니다. 토론 현장에서 어떤 주제에 대해서 열린 마음으로 서로의 의견을 경청하는 것이 아니라 부딪칠 수도 있습니다. 이때 서로에 대해서 긴장감과 불편한 마음을 갖게 됩니다.

만약 갈등 단계의 어려움이 너무 크다면 이 단계에서 리더는 외로움과 좌절감을 경험하게 되는데요. 모임을 파산하고 포기하고 싶어질지도 모릅니다. 그러나 너무 자책감을 갖지 마세요. 늘 있을 수 있는 당연한 일이고요. 갈등기는 성숙과 성장의 시기임을 명심해야 합니다. 이 시기의 문제를 지혜롭게 헤쳐간다면 모임뿐 아니라 리더 자신도 더 깊어지고 성숙해질 수 있습니다.

이 단계를 거친다면 안정기에 돌입하게 되는데요. 갈등기를 함께 거쳤기에 모임에 대한 더 진한 애정이 생길 수 있습니다. 이때부터 리더가 편해집니다. 서로에게, 북클럽의 방향성에 대해, 그리고 모임 안에서 자신의 위치와 역할에도 익숙해지기 때문에 멤버들이 리더에게 덜 의존하면서 이 모임에 대한 주인의식을 가지고 행동하게 됩니다. 이것은 당신이 아주 잘하고 있다는 뜻입니다. 리더는 뒤로 빠지고 멤버들이 좀 더 주도적으로 재능을 발휘할 수 있도록 격려하고 세워줍니다.

마무리 단계는 생명주기가 다 되어서 모임 자체를 끝낼 수도 있고요. 모임의 인원이 너무 많아져서 분리할 수도 있습니다. 분리를 생각한다면 한 가지를 더 염두해 두어야 하겠지요. 즉 사람을 세우는 것입니다. 분리될 모임을 담당할 북클럽 예비 리더를 세우는 것입니다. 이렇게 하나의 북클럽이 두개가 되고 세 개가 된다면 커뮤니가 더욱 확장될 것입니다. 그리고 모임이 더욱 재미있어집니다. 큰 공간이 있다면 같은 공간에서 모임을 나눠서 진행할 수도 있고요. 많은 사람이 모일 수 있는 공간이 없다면 흩어져서 모임을 진행해야 합니다. 이렇게 각자의 북클럽을 운영하다가 1년에 한두 번 이벤트로 모든 북클럽이 함께 연합모임을 해 보는 것도 모임에 활력을 불어넣어줄 것입니다. 이렇게 한 북클럽에서 여러 개의 북클럽이 생겨났다면 뭉쳤다 흩어졌다하며 서로의 모임에 활기를 줍니다.

1년에 한번이라도 마무리 단계를 멤버들과 함께 만들어 보면 좋습니다. 그동안 쌓아온 여러 기록, 사진, 영상 자료들을 재편집해서 1년을 돌아봅니다. 1년을 돌아보며 평가하고 감사하는 시간을 갖습니다. 이때 모임이 커져서 분리하는 모임이 있다면 그 모임과 새롭게 세워질 리더를 축복합니다.

이때 주의해야 할 점은 모든 단계를 거치지 않을 수도 있다는 것입니다. 사람이 모인 곳에는 늘 유연함이 있습니다. 그러니 절대 죄책감을 가질 필요가 없습니다. 현재의 단계를 인정하며 거기서부터 해결책을 모색하면 됩니다.

주기를 읽고 적절한 변화를 주어라.

북클럽 모임이 유료일 경우는 매우 일회성 모임 형태로 끝나는 경우가 많아 이런 단계가 크게 적용되지 않습니다. 그러나 6개월, 1년, 2년 지속되는 모임은 각 단계를 맞이하게 됩니다.

준비 단계에서 계속 멈추는 사람이 있습니다. 저 같은 경우입니다. 여러 개의 북클럽을 기획만 하고 시작하지 못하고 있습니다. 저처럼 여러 개의 아이디어를 가지고 있지만 시작을 시작하지 못하고 계신 분이 많을 거예요. 시작 단계에만 머물러 있는 북클럽입니다. 제가 운영하는 한 지역 북클럽은 계속 시작 단계에만 머물러 있습니다. 1년 동안 운영 규정을 만들어놓지 않으니깐 많은 사람이 북클럽에 한두 번 참여했다가 그만두기를 반복했습니다. 이제는 운영규정과 참여조건을 만들고 그 조건에 동의하는 사람만 가입을 허락하고 있습니다. 그랬더니 참여율도 더 좋아지고 신입 회원도 늘었습니다. 매달 새로운 회원이 한두 명 오다보니, 자기소개를 매번 하게 됩니다. 아직 서로에 대한 기대감이 살아 있는 시작 단계입니다.

갈등기를 거치기도 합니다. 이 갈등기를 잘 극복하면 안정기에 접어들어서 모임이 성장하고 인원도 더 늘어 분리 개척하는 북클럽이 생겨나게 됩니다. 그런데 이 갈등기에 오래 머물고 문제를 해결하지 못하면 모임 자체가 없어질 수도 있습니다. 리더는 이 갈등기에서 느꼈던 힘겨운 마음에 오래 머물 필요는 없습니다. 북클럽도 사람이 모여 있는 공간입니다. 모든 관계에 시작과 이별이 있듯이, 북클럽도 그럴 수 있음을 이해하면 됩니다. 그 요인이 어디에 있든 우리가 함께 성장하는 과정 가운데 있기에 그럴 수 있음을 여유롭게 이해하고 받아들이는 것이 필요합니다. 이 과정을 거치며 어느 정도의 성찰은 필요하겠지만 지나치게 리더나 멤버를 탓할 필요는 없습니다. 우리 인생의 여정 속에 그러한 갈등이나 어려움도 언젠가 돌아보면 좋은 삶의 재료였음을 고백하는 날이 올 것입니다. 잠시의 공백기를 가지고 새로운 기획과 방향성을 가지고 북클럽을 다시 시작하면 됩니다.

02 북클럽 기획하기

다양하게 응용해라

앞에서 독서행위로 본 네 가지 요소 즉 읽기와 쓰기, 듣기와 말하기가 북클럽이라는 공간 안에서 이루어진다고 말씀드렸습니다. 북클럽 기획은 이 네 가지를 다양하게 섞으면 자신만의 색깔이 담긴 북클럽이 됩니다.

우선 북클럽을 기획할 때 진행하는 형식에 따라 독서 모임 유형을 정할 수 있습니다. 어떤 하나의 방식이 정답이 될 수 없습니다. 여러 가지 요소를 융합한 다양한 형태의 독서 모임이 있을 뿐입니다. 그 모임들을 벤치마킹하고 자신이 추구하는 방향성에 맞게 북클럽을 기획하면 됩니다.

다양한 독서모임의 유형을 소개하자면 다음과 같습니다.

- 자유형 독서모임
- 논제형 독서모임
- 강독형 독서모임
- 낭독형 독서모임
- 서평형 독서모임
- 디베이트

북클럽의 60~70%가 자유형 독서 모임 방식으로 진행하고 있다고 해요. 책을 읽고 자유롭게 느낀 점, 소감을 말하는 것이기에 특별한 형식이 있지 않습니다. 리더나 참여자나 부담 없고 편합니다. 특별한 준비가 필요 없습니다. 간단한 스몰 토크로 시작해서 책을 읽고 느낀 점들을 자유롭게 나눕니다. 책 내용 자체에 대한 토론보다는 나눔이 주가 됩니다. 사담으로 흐를 수 있습니다. 물론 이성형의 참여자는 좀 더 책을 분석적으로 읽고 비판적인 내용을 나눌 수 있습니다. 자기 경험 중심으로 적용점을 나누는 참여자도 있을 것입니다. 정해진 형식이 없기 때문에 각자의 성향에 맞게 나눔도 자유롭습니다.

보통 모임을 좀 더 지속하고 싶고 생산적인 토론을 하고 싶다고 질문을 주시는 분의 독서 모임을 보면 자유형 독서 모임일 경우가 높습니다. 오래 북클럽을 진행하다 보니 서로에 대해서 익숙합니다. 책이 중심이기보다 기승전 남편, 기승전 자녀의 이야기로 대화가 늘 빠집니다. 자유형의 북클럽을 오래 하다 보면 어느 순간 조금 허전

할 때가 생깁니다. 나눔으로 흐를 가능성이 높다 보니 책보다는 친목 모임으로 전락할 수도 있습니다. 북클럽을 하기로 한 사람은 성장의 욕구가 있기에 이 모임에 나오기로 했을 것입니다. 그런데 생산적 대화가 아닌 수다로 전락한다면 그 욕구가 채워지지 않겠지요.

간혹 자유형 독서 모임은 격렬한 토론이 이어지기도 합니다. 진행자도 규칙도 형식도 없다 보니 이럴 경우 우왕좌왕할 수 있고요. 한두 사람이 토론 전체를 주도하기도 합니다. 때론 대화의 맥이 끊기기도 합니다. 이야기하다가 즉석에서 떠오른 주제에 관해서 이야기할 수도 있습니다. 형식이나 논제가 없기에 나눔 주제가 산만하고 한 가지 주제로 깊이 들어가지 못합니다.

북클럽의 20~30% 정도가 논제형 독서 모임 형태라고 합니다. 미리 준비한 논제로 진행합니다. 책 속 여러 주제를 파고들어서 토론 후 뭔가 얻어가는 기분입니다. 단, 여러 개의 논제문을 준비할지라도 시간은 한정되어 있기에 모든 발제문을 다룰 수 없습니다. 집중적인 토론이 이뤄지는 장점이 있지만 반면 토론에서 제외되는 주제도 발생하는 단점이 있습니다.

그리고 논제를 준비하는 것이 쉽지는 않습니다. 책을 좀 더 꼼꼼히 읽고 책과 관련된 주제의 토론 거리를 찾아서 논제문을 만들어야 하기 때문에 어느 정도의 문해력과 글쓰기 능력이 필요합니다. 리더와 멤버가 함께 논제를 한 두개씩 준비해 오면 가장 좋은데, 리더가 모든 것을 감당할 경우 하다가 힘겨워서 다시 자유형으로 돌아가기도 합니다.

강독형 독서 모임이 있습니다. 이 방식은 주로 지역 공공 도서관에서 많이 이루어집니다. 인문학자나 교수가 진행하며 보통 1~2년 계약 형태로 운영합니다. 보통 일반인이 소화하기 힘든 인문학, 고전을 가지고 진행자가 이에 대해 강의를 하며 그 이후에 간단한 토론이 이루어집니다. 진행자가 전문가이기 때문에 깊고 넓은 지식을 얻을 수는 있지만 북클럽에서 얻을 수 있는 다양한 생각을 공유하고 확장해 가는 것에는 한계가 있겠지요. 한 사람의 강연이 주를 이루고 몇몇 사람의 질문과 그로 인한 대답이나 토론으로 마무리할 때가 많습니다. 고급 지식을 알 수 있다는 장점이 있지만 상호 소통에 있어서는 명백한 한계가 있습니다. 그런데도 자기가 잘 알지 못하는 분야의 지식을 쉽고 빠르게 얻고 싶다면 지역 도서관에서 진행하는 다양한 인문학 강좌에 참여해 보시면 도움이 될 겁니다.

낭독형 독서 모임은 책을 함께 소리 내어서 읽는 모임입니다. 고미숙 작가는 『몸과 인문학』이라는 책에 몸이 튼튼해지는 데에 낭독만 한 것이 없다고 말했습니다. 오장육부가 건강해진다는 것이지요. 인쇄술이 발달하기 전 책이 희귀했을 때는 책을 읽는다는 것은 낭독이었습니다. 인쇄술이 발달한 후 책이 대중화되고 많은 정보가 쏟아지면서 좀 더 책을 빠르게 읽는 묵독이 발전해 왔습니다. 그러나 낭독의 효과에 대해서 많은 전문가가 말합니다. 기억력 강화, 치매 예방, 명상과 같은 효과 등 시각과 청각뿐 아니라 우리 몸의 다양한 기관들이 함께 움직임으로 지성뿐 아니라 정서와 몸이 함께 치유되고 회복된다고요. 그러나 책 선정에 조금 제한이 있습니다. 시나 에세이, 문학, 고전 같은 책을 주로 낭독하는 경우가 많습니다. 어떤 모임은 토지 같은 대하소설을 매일 30분 또는 한 시간씩 한 달 또는 100일 동안 낭독하는 모임도 있습니다. 『사람은 무엇으로 사는가』, 『어린 왕자』 등 부담이 안 되면서도 좋은 문학 작품을 낭독으로 읽어볼 수 있습니다. 각기 다양한 목소리로 평소 도전하기 힘든 소설을 함께 읽는 경험, 그 성취감은 놀라운 것이지요. 단 진행자는 읽을 책을 미리 한 번 낭독해 보고 시간과 분량을 정해서 완독 시간을 예상하고 기획해야 합니다.

어떤 모임은 하루 종일 6~8시간 동안 함께 한 권의 책을 낭독합니다. 제가 대학 관련 기관에 있을 때 실제로 방학 기간을 이용해 출퇴근시간에 맞춰 아침 9시부터 5시까지 책을 같이 읽는 모임만 진행해 보기도 했습니다. 그러면 책을 혼자 읽기 힘들어하는 학생들이 그 시간을 통해서 책을 온전히 끝까지 읽고 함께 읽는 경험을 해 볼 수 있는 것이지요.

서평형 독서 모임도 있습니다. 글쓰기가 중심인 모임인데요. 독후감이든 서평 형태의 글을 A4 한 장에서 한 장 반 정도 적어 옵니다. 한 권의 책을 읽고 각자 적어 온 서평을 읽습니다. 그것을 돌아가면서 읽는 것만으로도 토론의 효과가 일어납니다. 글은 말과 또 다른 느낌과 경험을 가져다줍니다. 말과 달리 좀 더 섬세하고 디테일함을 맛볼 수 있습니다. 한 권의 책을 읽고 이렇게 다양한 이야기를 글로 풀어낼 수 있는 것에 색다름을 경험할 수 있을 거예요.

단, 단점은 글쓰기에 대한 두려움이 있는 사람은 진입하기가 쉽지 않겠지요. 상당한 용기가 필요한 일입니다. 그래서 글쓴이를 노출하지 않고 진행자만 알도록 하는 것도 좋습니다. 익명성이 있다면 많은 사람이 부담 없이 참여할 수 있습니다. 무한한 칭찬과 격려까지 곁들인다면 더욱 동기 부여받게 됩니다. 꾸준히 읽어온 사람은 글쓰기에 대한 욕구도 자연스럽게 생기기 때문에 조금만 두려움을 이기고 도전해 본다면 또 다른 자극으로 글쓰기에 대한 성장을 경험할 수 있습니다.

디베이트는 경쟁적 토론입니다. 보통 TV에서 정치인의 토론을 참조하면 됩니다. 같은 이슈에 관해 서로 다른 당의 의원이 나와서 자신의 주장을 뒷받침하는 근거를 대며 설득적으로 토론합니다. 초등학교에서도 많이 진행하고 있는데요. 이 방식을 통해서 자신의 주장을 조금 더 날카롭게 세워갈 수 있는 설득력이 발전하게 되고, 상대방의 반론을 통해서 자신의 주장에 대한 빈틈도 보완해 갈 수 있습니다. 그러나 일반인들의 독서 모임에서 진행하기에는 너무 이분법적이고 긴장감이 도는 토론 형태입니다. 그런데도 책 속에 논쟁할 만한 이슈가 등장한다면 부분적으로 적용해 볼 수 있겠습니다.

독서모임테마 정하기

어떤 형식으로 독서 모임을 운영해갈지 정했다면 그다음은 좀 더 디테일하게 테마를 정하는 것입니다. 이는 좀 더 사람들의 욕구와 취향에 맞춘 것이기에 여기에서 독서 모임의 차별화가 이루어집니다. 기존에 독서 모임을 운영하다가 조금은 매너리즘에 빠질 즈음에 조금은 색다른 테마로 독서 모임의 분위기를 전환해 보셔도 좋습니다. 또는 분기, 6개월, 1년 단위로 테마를 다양하게 바꾸어서 독서 모임을 진행해 보는 것도 회원들에게 기쁨이 되고 지속할 수 있는 모임이 되는 데 도움이 됩니다.

테마를 정하는 것은 결국 책 선정에 달려 있습니다. 북클럽은 결국 책이 가장 중요한 도구이기 때문입니다. 장르를 한정함으로 독서 모임의 테마와 방향성을 정해 봅니다. 예를 들어 소설 읽기 모임, 인문교양 읽기 모임, 세계문학 읽기 모임, 철학서 읽기 모임, 그림책 테라피, 고전읽기 모임, 한 작가의 작품을 읽어보는 전작 읽기 모임, 시대별 작품 읽기 모임, 영화와 책 함께 읽기 모임, 시 읽고 낭독과 필사를 함께 하는 모임, 여성작가 읽기 모임, 벽돌책 깨기 모임, 청소년 책 읽기 모임, 재테크 경제 경영 읽기 모임, 과학책 읽기 모임, 심리도서 읽기 모임 등 장르를 선정해서 독서모임 테마를 정해 봅니다.

이 외에도 하나의 주제를 정해 그와 관련된 다양한 장르의 책을 선정해 볼 수 있습니다. 예를 들어 '여성'이 주키워드라고 하면, 여성과 관련한 다양한 장르 즉 소설, 에세이, 경제, 그림책 등의 장르를 섞어서 읽어 봅니다. 그러면 편독도 극복하면서 한 주제에 대한 다양한 시각과 깊이를 경험할 수 있습니다.

글과 말

코로나 이후에 온라인 줌 모임이 많이 활성화되었습니다. 대면이 아니더라도 얼굴을 보고 말로 소통하는 것을 편안해하는 사람도 있고, 어려워하는 분들도 있습니다. 이 경우 카톡으로 북클럽을 해 볼 수도 있습니다. 톡으로 어떻게 북클럽을 할 수 있을지 의아해할 수도 있는데요. 톡으로 진행할 경우 토론 질문을 톡방에 올려드리고, 리더도 문자로 이끌어 갑니다. 멤버들은 그 논제에 대한 의견을 톡방에 글로 남깁니다. 의외로 이런 방식도 괜찮습니다. 토론한 내용들이 다 글로 남겨지기 때문에 나중에 다시 보면서 전체 내용을 확인할 수도 있습니다. 글로 명확하게 표현하는 훈련도 됩니다.

매너리즘을 극복하려면

처음 북클럽을 개설할 때는 모든 것이 새롭습니다. 저 또한 지역에서 북클럽을 시작했을 때 같은 지역에 살아도 평상시 만날 수 없었던 다양한 직종의 사람을 만날 수 있었습니다. 부동산 사장님, 유튜버, 영어 강사, 사회 복지사 등등 그들의 자기소개만 들어도 막 가슴이 설레였습니다. 그러나 어느 정도 서로에 대해서 알아가고 모임도 안정되면 조금씩 그 신선함은 사라집니다. 상대의 말이 뻔히 예측되고 새로운 시선이나 의견을 접하는 일도 점점 줄어듭니다. 북클럽에도 매너리즘을 겪는 시기가 있는 것이지요. 이럴 때 어떻게 하면 좋을까요?

시기마다 적절한 이벤트를 넣을 수 있습니다. 물론 주객이 전도되면 안 되겠지요. 책이 중심이 아니라 초반부터 지나치게 이벤트에 집중하면 북클럽 원래의 의도와 방향성을 흐릿하게 만들 수 있습니다. 그러나 너무 목적에만 치우치게 되면 자칫 모임이 경직되고 지루해질 수 있습니다. 평소와 다른 활동은 모임에 활력을 불어넣어 주고 날개를 달아줄 것입니다. 계절별, 6개월, 1년마다 멤버들의 상황을 보면서 분위기 전환과 회원들의 결속력을 위해서 다양한 이벤트를 시도해 봅니다.

모임 뒤풀이, 동네 책방 투어, 격려를 위한 독서 모임 쿠폰, 계절에 맞는 걷기나 등산 등 특별한 모임, 모임 시간대 변경, 저자강연, 책 행사, 글쓰기 모임, 번개모임, 회원 간 일대일 만남, 회원의 원데이 클래스, 문집 만들기, 연말 모임으로 1년을 돌아보면서 읽었던 책 전시, 안 보는 책 교환, 선물교환, 음식 나눔의 시간을 가질 수 있습니다. 6개월이나 1년에 한 번씩 신입회원을 받거나 장기결속 회원들을 정리하는 시간을 가질 수도 있어요. 공공도서관이나 같은 공간에서 모임을 해 왔다면 야외로 나가보거나 색다른 공간에서 분위기를 전환해 볼 수도 있습니다.

03 벤치마킹으로 나만의 북클럽 시작하기

이제 다른 북클럽을 벤치마킹해서 자신만의 차별화된 북클럽을 기획해 봅니다. 기획에는 모임명, 도서, 일시, 장소, 모임방법, 추천대상, 참가비, 활동사진, 책표지사진, 참여인원, 리더소개가 들어가야 합니다.

보통 지역에서 시작하는 북클럽은 무료나 약간의 진행 회비를 받아 운영합니다. 이 모임은 멤버의 큰 변동이 없이 장기적으로 진행됩니다. 반면 유료 북클럽은 보통 리더가 매달 또는 분기별로 모임을 모집합니다. 북클럽을 기획할 때 참조할만한 사이트 네 개를 소개합니다. 트레바리, 숭례문학당, 빡독, MKYU 온라인 대학입니다. 앞의 두 곳은 유료이고요, 뒤의 두 곳은 거의 무료로 진행하는 북클럽 플랫폼입니다. 이 플랫폼에 올라온 여러 북클럽을 벤치마킹해서 자시만의 차별화된 북클럽을 만들어보세요.

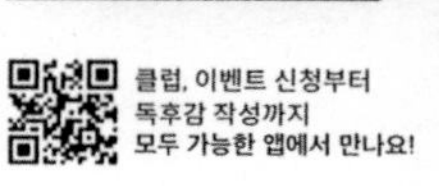

트레바리는 우리나라 대표 북클럽 플랫폼입니다. 이곳의 특징은 여러 권의 책을 쓴 작가나 전문가가 클럽장이 되어서 모임을 진행합니다. 모임 시간은 3~4시간 정도이고, 모임 전에 간단한 독후감을 제출합니다. 단순히 토론만이 아니라 모임 후 뒤풀이나 번개모임을 갖기도 합니다. 토론뿐 아니라 전문가와의 진한 소통과 참가자들 간의 교류와 체험이 있습니다. 기간도 보통 서너 달을 묶어 한 번에 결제하게 되고 비용도 30~40만 원 정도로 만만치 않습니다. 그런데도 꽤 많은 이가 이곳을 찾습니다. 온라인으로 느슨한 연결이 대세인 이 시기에 오프라인만의 진한 교감과 소통을 원하는 사람들의 욕구를 잘 반영했기 때문입니다. 단점은 가격이 비싸다는 것이겠죠.

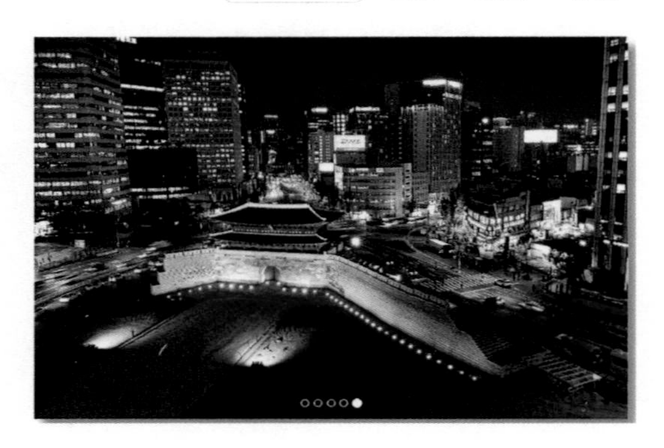

다음은 숭례문학당이 있습니다. 서울 숭례문 앞에 위치하고 있는데요. 저도 이 플랫폼에 참여해서 북클럽 하나를 진행하고 있습니다. 이 곳은 인문학 도서 위주의 토론이 많은데요. 이 곳의 특징은 읽기와 토론, 글쓰기 파트가 나누어져 있는 것입니다. 어린이, 청소년 북클럽도 있구요. 이 곳만의 논제 만들기 틀이 있는데요. 앞에서 소개해 드린 논제 만들기 틀이 이곳에서 활용되고 있어요. 토론 리더 과정도 있는데요. 이 과정에서는 주로 논제 만들기 실습이 이뤄집니다. 단점은 읽기와 토론, 글쓰기 파트가 나누어져 있는 것입니다. 이는 장점인 반면 단점일 수 있는데요. 한 분야를 깊이 있게 배울 수 있는 것은 좋지만, 읽기와 토론 글쓰기는 같이 가야 한다고 생각하는 저로서는 경험해 본 바 약간의 허전함이 있었습니다.

그리고 빡독입니다. 이곳은 지역별로 주로 모집해서 진행하는데 이름 그대로 토론 보다는 책을 빡세게 읽으며 독서 습관 길들이기에 주력합니다. 지역별로 정해진 인원을 모집하고, 온,오프 모임 형태를 정하고, 정해진 시간에 함께 책을 읽는 모임입니다. 코로나 이후 현재는 주로 2~3시간 동안 읽고 토론보다는 나눔 형식의 모임을 하는데요. 초창기에는 점심, 저녁을 먹어가며 6~8시간 동안 진행했다고 한 지인이 알려주셨어요. 나눔도 있지만 대부분은 읽기에 초점을 맞춘 독서 모임입니다.

마지막으로 김미경 대표가 세운 MKYU 온라인 대학입니다. 이 대학은 네이버 카페에서 진행했던 북클럽에서 시작되어 온라인 대학으로 발전했습니다. 2022년 후반에는 해외를 포함해서 800여 개의 북클럽과 5000여 명의 북클럽 회원이 활동하고 있어요. 2022년도 11월 기준으로 모든 북클럽이 무료로 진행되었고요. 3050 여성의 많은 이들이 북클럽을 통한 독서로 자존감을 회복하고 삶을 일으키게 되었음을 고백합니다.

저 또한 MKYU 지역 북클럽을 운영하고 있고요. 이 플랫폼에서 북클럽에 대한 강의를 진행하면서 책을 쓰게 되었죠. 이곳의 특징은 누구나 지원하면 리더로 활동할 수 있다는 것입니다. 그렇기에 누구나 북클럽 리더를 경험하며 성장할 수 있다는 장점이 있습니다. 하지만 훈련되지 않는 미숙한 리더도 북클럽을 시작하기에 리더도 멤버도 만족감이 떨어질 수 있습니다. 다행히 최근에 리더 세미나와 북클럽 관련 자율전공 과정이 생겨서 리더들이 도움받을 수 있게 되었어요. 2022년 12월부터는 정책이 바뀌어 '굿짹 칼리지'라는 플랫폼에서 누구나 원하면 자유롭게 유, 무료 북클럽을 개설할 수 있게 되었습니다.

각각의 플랫폼에 들어가 보면 다양한 북클럽 기획안을 벤치마킹해 볼 수 있습니다. 이 외에도 블로그나 SNS를 살펴보면 북클럽 기획에 대한 다양한 사례를 찾아볼 수 있습니다. 더 이상 기획을 두려워할 필요가 없습니다. 참조 해 볼 기획안은 널려 있고, 모두에게 공개되어 있습니다. 벤치마킹하여 나만의 차별화된 북클럽을 기획하면 됩니다. 여러 기획안을 보며 기죽을 필요도 비교할 필요도 없습니다. 시작은 어떻게 해야 하나요? 내가 좋아하는 책의 장르, 내가 가능한 시간, 내가 편한 공간, 내가 만나고픈 사람을 대상으로 기획하면 됩니다. 모든 시작의 답은 자신 안에 있음을 기억하세요.

04 운영규정이라는 울타리

북클럽 운영 규정은 울타리와 같습니다. 부모는 자녀에게 울타리와 같은 존재입니다. 너무나 정확한 규칙도 완전한 방임도 아이를 망칠 수 있습니다. 어느 정도의 자유가 허용되는 느슨한 규칙은 자녀에게 안전한 울타리가 되어 줍니다. 북클럽도 마찬가지입니다. 이는 멤버들이 약간의 긴장감과 안전감을 가지고 참가할 수 있도록 도와줍니다. 아무런 규칙이 없는 완전 방임의 공간은 자유를 주는 것 같지만 곧 멤버들을 불안하고 해이하게 만들 수 있습니다. 모든 것을 허용하는 리더는 완전한 자유를 안겨다 주는 것 같지만 곧 무질서와 모임에 대한 애정도 시들게 만들 수 있습니다.

함께 만들어가는 우리만의 참여 규정

독서 모임에 관해서 강의할 때 꼭 빠지지 않는 질문이 있습니다. "멤버들이 너무 들쑥날쑥해요. 어떻게 해야 하나요?"라는 질문입니다. 이는 모임에 관한 규정이 없기 때문입니다. 북클럽도 사람이 모인 공간이기에 운영 규정이 필요합니다. 문서로 만들어진 규정은 모임의 목적을 달성하는 데 기여할 뿐 아니라 서로 간의 불필요한 오해도 줄일 수 있습니다. 두세 달 지나면서 모임이 어느 정도 안정화되면 운영 규정은 꼭 필요합니다.

제가 사는 지역에서 한 북클럽을 시작했습니다. 퇴직 후 얼마 되지 않은 후였고 성인들이 자발적으로 참여한 공간이었기 때문에 알아서 모임에 참여할 줄 알았습니다. 그렇게 1년 동안 운영해 본 결과, 멤버들의 참여율은 늘 들쑥날쑥하였고, 회원들의 참여 동기도 뚜렷하지 않았습니다. 결국 꾸준히 남는 사람은 저와 한 멤버뿐이었습니다. 이 모임을 지속해 가야 할지 잠시 고민했습니다. 돌아보니 운영 규정이 전혀 없었습니다. 마음을 다잡고 최소한의 규정을 하나씩 만들기 시작했습니다. 멤버들이 좀 더 모이고 익숙해질 즈음에는 의견을 물으며 함께 규정을 만들어 갔습니다. 규정이 너무 많으면 그 안에 너무 갇히게 되고, 너무 없어도 모임을 세우기 힘듭니다.

예를 들자면, 첫 번째 필요한 운영규정은 참가기준입니다. 북클럽에 참가할 때 우선 두 가지 참여 기준을 제시하고 이에 동의하면 받습니다. 하나는 제가 정한 것이고요. 하나는 멤버들과 함께 논의해서 정한 것인데요. 하나는 1년에 한 번은 돌아가면서 토론후기를 쓰는 것입니다. 다른 하나는 한 달에 한 번 회비 1만 원을 내는 것입니다. 처음에는 못 나올 시 다음 모임에 커피 값을 내는 것이었어요. 그러나 인원이 늘어서 12명이 되니깐 커피 값이 만만치 않더라고요. 그래서 그다음에는 책값 정도의 벌금을 내는 거였어요. 코로나 확진이나 아주 특별한 상황만 예외로 두고 불참 시 벌금을 적용했습니다. 그러나 다양한 불참 사유가 또 등장했어요. 어른에게 벌금을 내라고 독촉하기도 참 난감하더라고요. 그래서 다시 멤버들에게 의견을 물었습니다. 한 분의 제안으로 멤버십처럼 회비 1만 원을 내기로 했습니다. 회비는 모임 당일 커피와 간식비, 나머지는 적립하기로 했고요. 모임에 참석하지 못 한 사람은 자연스럽게 자기 커피값 정도를 벌금으로 내게 됩니다. 서로가 부담이 훨씬 줄어들게 되었고요. 모임 적립금도 모을 수 있게 되었어요.

두 번째 운영규정은 회원 자격 상실에 관한 부분입니다. 저는 6개월에 한 번씩 계속 북클럽에 참가할지 의사를 묻습니다. 단기적인 북클럽이 아닌 이상 너무나 익숙해지다 보면 살짝 해이해질 때도 있고요. 모임에 대한 애정이 줄어들 수 있고, 개인적인 특별한 상황도 생길 수 있습니다. 그래서 상반기, 후반기 초에 “여러분에게 빠져나갈 기회를 드릴께요. 다음 학기에도 북클럽에 계속 참가하실 건가요? ”라고 묻습니다. “혹시 다음 학기에는 참가가 어려우신 특별한 상황이 있으면 개인적으로 말씀해 주세요.”, “나가셨다가 언제든 다시 들어오실 수 있습니다. 단, 자리가 있는 한해서요."라고 웃으며 말을 건넵니다.

그리고 3개월 이상 불참이나 회비 미납부인 경우 자동탈퇴 또는 다음 학기 참여에 제한을 합니다. 참여 의사가 있지만 개인 사정으로 참여가 어려우면 3개월 단기 방학을 개인적으로 신청할 수 있습니다. 이런 경우도 회비는 납부해야 합니다. 이 정도의 운영 규정을 만들어놓으니 북클럽 참석률도 80~90%로 높아졌고요. 불참하는 사람도 회비는 내기에 서로에게 미안함이나 죄책감 등을 조금 덜어낼 수 있었습니다.

세 번째 운영 규정은 모든 멤버가 아주 작은 역할이라도 이 북클럽에 기여할 수 있도록 역할을 분담하는 것입니다. 사실 해야 할 역할이 그리 많지는 않아서 능숙한 진행자라면 혼자서도 충분히 할 수 있습니다. 그러나 아주 작은 것이라도 함께 한다면 리더의 부담이 줄어들 뿐 아니라 멤버들도 더욱 소속감을 느끼고 참여할 수 있습니다. 재정 담당 총무, 자료 프린트, 토론 자료나 관련 영상 자료 톡방 공유, 장소 선정 등의 역할 분담을 함께 하고 있있어요. 이 외에도 또 다른 역할이 생겨나면 멤버들에게 하나씩 맡길 수 있겠지요.

마지막으로 최소참여 인원 규정도 만들어 볼 수 있습니다. 인원이 너무 적으면 토론이 어려울 수 있으니 최소 참여 인원이 3명 이상이 되어야 모인다든지 말이에요. 제가 운영하는 지역 북클럽은 한 달에 한 번 모이고 있고요. 우리 북클럽은 2명이 되어도 모임을 진행했습니다. 일대일로 만나면 토론은 아닐지라도 더 깊은 속 이야기를 할 수 있기 때문에 나름의 의미가 있거든요. 그리고 전체 참여 인원은 12명으로 제한했습니다. 오프라인의 공간적인 한계 때문에 그 이상은 힘들더라고요.

규정을 한 번 정했다고 해서 계속 그대로 유지할 필요는 없어요. 추가하거나 빼면서 상황에 맞게 원칙을 수정하거나 새롭게 만들어 가면 됩니다. 처음 북클럽을 시작할 때는 리더가 최소한의 운영 규정을 만들어 놓아야겠지만, 멤버들이 들어오고 몇 달 동안 자리가 잡혀간다면 멤버들의 상황을 고려해서 수정해 갈 수 있습니다. 멤버와 함께 만들어갈 때 회원들이 모임에 대한 애착도 깊어지고, 주인의식을 가질 수 있겠죠. 이런 규정이 있을 때 기존 멤버들의 만족도도 한층 높아졌습니다.

진행 발언 규정

진행할 때 가장 어려운 것이 발언 시간입니다. 보통 계속 말하는 사람은 말하고, 듣기만 하는 사람은 듣습니다. 그러나 북클럽은 모두가 발언함으로써 서로에게 기여하는 공간입니다. 다양한 생각을 나눔으로 각자의 고정관념이 허물어지고 세계가 넓혀지기 때문입니다. 몇몇 사람만 이야기하고 누군가는 듣기만 한다면 이는 서로에게 굉장히 손해가 되는 일입니다. 말만 하는 사람은 듣기를, 듣기만 하는 사람은 말하는 훈련이 필요합니다. 소수만 이야기하는 분위기가 계속된다면 이는 불편함을 안겨다 주고 참여율을 떨어뜨리는 결과를 낳습니다.

리더는 이를 조정하는 역할을 할 필요가 있는데요. 말 중간에 개입해서 끊는 것은 개인적인 대화에서는 해서는 안 되는 일이지요. 그러나 북클럽이라는 공간은 시간적 제한도 있고, 모두가 함께하는 공간이기에 이에 대한 규칙이 필요합니다. 인원이 적으면 좀 더 많은 시간적 배분을 할 수 있지만 인원이 많으면 리더는 이를 계산해서 한 사람당 1~2분의 시간을 정해 놓습니다. 그리고 모임이 시작할 때 "한 사람 발언 시간은 1분 30초입니다"라고 알려줍니다. 그리고 만약 시간을 초과하면 "제가 이런 말을 하거나 표현하면, 정리해 달라는 의미니 기분 나빠 하지 마세요."라고 말해줍니다. 발언 시간을 알고 있지만 말을 하다 보면서 자기도 모르게 길어질 수 있기에 리더는 이를 알려주는 역할을 해야 해요. 이 외에도 작은 인형이나 소품, 스케치북을 활용한 글귀 등을 활용해서 리더가 이것을 들면 정리해 달라는 표시임을 정해도 좋습니다.

이런 규칙을 정해 놓으면 중간에 리더가 개입하거나 말을 끊어도 기분 나빠 하지 않습니다. 그렇다고 너무 기계적으로 시간제한을 하는 것도 좋지 않습니다. 시간을 조절하고 제한하는 약간의 규칙을 마련하는 것은 서로를 배려하고 함께 성장하기 위한 방법일 뿐입니다.

〈김현정 뉴스쇼〉의 김현정씨를 사람들이 좋아하는 이유가 그녀의 진행 능력이기도 한 거 같아요. 굉장히 치열한 토론 현장인데도 서로 다른 의견들을 시간상으로 적절히 배분할 뿐만 아니라 따뜻하게 공감해 줍니다. 모든 의견을 공정하게 수용해주려는 태도가 듣는 사람 뿐 아니라 참여자들의 마음도 편안하게 만들어 줍니다. 북클럽 리더로서도 진행에 있어 배울 부분이 있으니 참조해 보세요.

완독에 대한 규정

또 하나 가장 많은 질문 중 하나는 멤버들의 완독률에 대한 것입니다. 완독률이 모임 분위기에 영향을 주는 건 사실입니다. 책을 완독했을 때 대화가 다른 곳으로 빠지지 않고 좀 더 깊은 생각을 나눌 수 있습니다. 한 번은 500페이지 가까운 책을 북클럽에서 읽게 되었는데요. 완독한 사람이 한 사람도 없었습니다. 토론했지만 깊은 대화가 오갔다기보다는 살짝 아쉬움이 남는 시간이었습니다.

모두가 완독해 오면 가장 좋습니다. 저 또한 완독을 권면하지만, "꼭 완독해 오세요."라고 말하기보다는 "책을 잘 읽고 북클럽에 참가하는 것은 결국 여러분 자신의 성장을 위해서 좋습니다."라고 말합니다.

북클럽에 나와서 책을 읽고 성장하겠다는 마음 자체가 대단합니다. 이미 독서 습관이 잘 잡힌 이도 있지만, 북클럽을 처음 경험한 이도 있어요. 그동안 여러 가지 이유로 독서를 다시 시작한 이도 있습니다. 멤버들의 수준과 상황이 모두 제각각이기 때문에 리더는 완급 조절이 필요합니다. 완독을 지향하되 멤버들을 배려하는 마음 또한 잊으면 안 됩니다. 책을 끝까지 읽을 수 있도록 격려하되 그렇지 못했을지라도 힐난하는 분위기가 되어서는 안 됩니다. 다른 이들은 척척 책을 읽어가는데 나는 완독하지 못했다는 죄책감으로 모임을 탈퇴하는 경우가 발생한다면 이는 독서로 성장해갈 수 있는 한 사람을 잃는 것입니다. 완독을 힘들어하는 이들도 북클럽을 통해서 언젠가 한 권의 책을 끝까지 읽어내는 기쁨을 맛보게 되고 변화와 성장을 경험할 것입니다. 책보다 사람이 더 소중함을 잊어서는 안 되겠지요.

05 북클럽에서의 책 선정

책 선정은 북클럽의 색깔과 멤버들의 만족도를 결정하는 중요한 부분입니다. 그래서 책을 함부로 선정할 수 없습니다. 유료로 진행하는 북클럽의 경우 책선정은 리더의 온전한 권한입니다. 그러나 장기적으로 진행하는 무료 북클럽은 어떻게 해야 할까요?

리더가 선정하는 것이 좋을까요? 멤버가 함께 선정하는 것이 좋을까요? 모두가 책을 추천하고 투표해서 선정하는 방식은 매우 민주적이고 합리적인 방법처럼 느껴집니다. 그러나 리더가 정하지 않고 투표 식으로만 도서를 정해서는 안 됩니다. 다만 도서 선정 과정에서 참여자들이 소외되지 않도록 책을 추천받아서 그 의견을 참고할 수는 있습니다. 그렇게 추천받은 목록에서 리더가 다시 취사선택해서 정합니다. 그만큼 도서 선정은 중요합니다.

두 번째 다양한 장르의 책을 함께 읽음으로 편독을 극복해 가되, 회원들이 다양한 장르를 골고루 맛보고 있다면 한 분야의 테마를 정해서 집중적으로 읽어보는 것도 좋습니다. 또 다른 깊이와 색깔을 경험해 볼 수 있습니다.

세 번째 어떤 장르의 책이든 쉬운 책과 어려운 책을 번갈아 가면서 배치합니다. 회원들의 독서 수준은 각기 다릅니다. 오랜 시간 책을 꾸준히 읽어 온 사람도 있고, 책도 북클럽도 처음 경험하는 사람도 있습니다. 계속 두껍고 어려운 책만을 고집한다면 어떤 사람은 지쳐서 더 이상 참여하기 힘들 것입니다. 그렇다고 혼자서도 소화할 수 있는 쉽고 가벼운 책만을 읽는다면 전체적으로 만족도가 떨어지며 사고의 발전에 있어서 더 이상 성장하지 않을 수 있습니다. 독서 초보자를 위해서 쉬운 책도 포함해야 합니다. 그러나 난이도가 조금 있는 책을 통해서 좀 더 독서력을 업그레이드하도록 합니다.

네 번째 인터넷 서점이나 후기, 서평 등을 참고합니다. 각 온라인 서점에는 책에 대한 후기, 별점, 판매지수, 분야별 순위 등이 모두 공개되어 있습니다. 이 수치를 보면 독자들의 반응을 알 수 있고, 베스트셀러인지, 스테디셀러인지 알 수 있습니다. 신간 서적이나 베스트셀러는 마케팅으로 인해서 잠깐 반짝할 수 있기에 조금 더 정보가 쌓인 후 살펴봅니다. 도서관을 가 보는 것도 좋습니다. 도서관은 마케팅이 없어서 편견 없이 책을 살펴볼 수 있는 공간입니다. 책 팟캐스트나 유튜브를 통해서도 다양한 정보를 얻을 수 있습니다. 지금처럼 책이 쏟아져 나오는 시대가 있었을까요? 또한 SNS의 발달로 책에 관한 정보도 쏟아지고 있습니다. 우리의 시간은 제한되어 있고, 북클럽은 더더욱 그렇습니다. 모든 책을 읽을 수는 없습니다. 시의 적절한 책을 읽을 필요도 있지만 좀 더 검증된 책을 읽고 싶다면 출간된 지 1년 이상 지난 작품 중에서 고르는 것도 좋은 방법입니다.

다섯 번째 신간과 베스트셀러, 스테디셀러를 균형 있게 선정합니다. 베스트셀러는 현재 사랑받고 있는 책입니다. 신간과 베스트셀러는 현재 사람들의 관심사를 파악할 수 있고 독자 또한 공감되는 부분이 많습니다. 다만 어떤 책들은 마케팅에 의해서 일시적으로 베스트셀러가 되기도 해서 다양한 경로를 통해 잘 참조해서 선택해야 합니다. 스테디셀러는 오랫동안 사랑 받아 온 책입니다. 수시로 온, 오프라인 서점을 살피며 어떤 책이 오랫동안 사람들의 사랑을 받아왔는지 관찰해 보세요. 저자 이력, 목차, 출판사 책 소개, 미리 보기 등을 참조하는 습관을 들인다면 이 또한 책 고르는 연습을 자연스럽게 할 수 있습니다. 시대에 적합한 책도 읽어야겠지만 오랜 시간 살아남은 책을 통해 인간과 세상에 대한 좀 더 깊은 안목과 통찰력을 얻을 수 있습니다.

혼자 읽기 힘든 고전을 선택해서 읽어볼 수도 있습니다. 이권우 작가는 『책 읽기의 달인 호모 부커스』에서 고전은 "한 시대 공동체 구성원의 지적 화두를 치열하게 고민한 흔적"이라고 말합니다. 그는 "지적 유희에 그치는 것이 아니라 지금 우리를 억누르는 고통의 근원을 제거하고자 하는 사람만이 고전을 읽을 수 있다."라고 덧붙입니다. 그래서 "문제를 해결하고자 진지하게 고민하는 사람, 즉 가슴이 불타는 사람만이 고전을 읽을 수 있다."고 말합니다.

여섯 번째 이렇게 선정한 몇 개의 도서로 미리 토론 주제를 뽑아 봅니다. 책을 모두 읽어보고 발제를 해 보면 좋지만, 그렇지 않더라도 서평이나 후기 등을 참조해서 예상해 볼 수 있습니다. 어떤 책은 후기에 상반된 내용이 담겨 있어요. 이런 책은 토론할 때도 다양한 의견이 나올 수 있어 재밌습니다. 하나의 책에는 여러 주제가 담겨 있습니다. 다양한 토론 거리가 나오는 책이 북클럽 선정에 좋은 책입니다.

북클럽에서 가장 중요한 것은 도서 선정입니다. 모임의 성패를 가를 수 있는 중요한 부분이기도 하죠. 멤버들의 추천을 받을 수 있지만 이는 리더의 중요한 덕목임을 부인할 수 없습니다. 독서 모임의 방향이 도서 목록으로 결정된다고 보아도 되기 때문입니다. 멤버의 추천을 받더라도 검증되지 않는 책이라면 제외해야 합니다. 여러 사전 조사를 해 보았을 때 함께 읽을 만한 도서로 판단이 서면 결정합니다. 리더도 모든 책을 읽을 수는 없습니다. 그러나 누구보다도 새로운 책을 꾸준히 읽어가고, 어떤 책이 함께 읽기에 좋을지 끊임없이 찾아보아야 합니다.

긴급하지 않고 중요한 도서

위의 표는 시간 관리에서 많이 활용하는 틀입니다. 『부자의 독서법』 송숙희 저자는 책분류에 이 표를 사용하는데요. 이 표의 분류가 정답이라 할 수는 없지만 생각해 볼만한 부분입니다. 책 선정에 이 표를 참조해 보세요.

	긴급함	긴급하지 않음
중요함	긴급하게 읽어야 할 중요한 책	중요하지만 긴급하게 읽지 않아도 되는 책
중요하지 않음	긴급하게 읽어야 하지만 중요하지는 않은 책	긴급하지도 중요하지도 않지만 읽어볼 만한 책

긴급하게 읽어야 할 중요한 책은 당장 해결하지 않으면 안 되는 문제들과 관련된 책입니다. 먹고 사는데 필요한 솔루션을 제공하는 책입니다. 실용서나 자기의 일과 관련된 책이 여기에 해당합니다. 중요하지만 긴급하게 읽지 않아도 되는 책은 삶의 철학과 가치관을 세우고 지식의 토대를 닦게 하는 인문교양서처럼 문학, 역사, 철학, 심리, 종교, 자연과학, 경제경영, 예술에 관한 책입니다. 우리 삶에 큰 방향을 세우는 책들이지요. 급하지 않지만 방향이 잘못되면 삶의 문제가 생기기에 중요한 책들입니다. 긴급하게 읽어야 하지만 중요하지 않은 책에는 어떤 것이 있을까요? 시대 흐름과 경제적 변화

를 읽어낼 수 있는 베스트셀러나 뜨거운 이슈를 담은 신간들을 말합니다. 코 앞에 담긴 문제를 해결하기 위한 조언이 담긴 책도 여기에 포함됩니다. 마지막으로 긴급하지도 중요하지도 않지만 읽어볼만한 책은 흥미에 이끌려 보는 처세술이나 자기계발서, 단기적인 자신감이나 열정을 북돋우는 책이 여기에 포함된다고 할 수 있습니다.

이렇게 책을 분류했다고 해서 책의 좋고 나쁨을 나눌 수는 없습니다. 때론 자기계발서가 너무 필요한 시기가 있고, 자신의 전문성을 더 깊이 하기 위한 실용서 위주의 책을 읽어야 할 시기도 있습니다. 좀 더 삶의 본질을 고민하고 방향을 설정하기 위해 인문교양서를 읽을 때도 필요합니다. 개인이나 북클럽에서 책을 선정할 때도 이 표가 하나의 가이드 역할을 할 수 있기를 바랍니다.

글쓰기 과제

다양한 플랫폼과 SNS에 있는 북클럽 모집을 벤치마킹해서 자신이 만들고 싶은 북클럽을 하나 기획해 보세요!

긍정확언

나는 북클럽 운영 흐름을 이해하고 잘 대처해갈 수 있다.

05 북클럽 리더의 꿈

북클럽 리더의 재생산

꿈은 나누면 배가가 됩니다. 리더가 된다는 것은 혼자 성장하겠다는 마음을 내려놓았다는 뜻입니다. 리더는 함께 성장하기 위해서 물리적 공간뿐 아니라 리더 존재 자체를 내어준 자입니다. 리더의 존재도 공간이지요. 리더의 품이라는 안전한 공간 안에서 멤버들은 함께 성장합니다. 리더뿐 아니라 함께 하는 회원들은 서서히 성장해가고 리더처럼 넉넉한 품이 되어갑니다. 책을 읽고, 리더를 보며 채워진 충만함을 누군가에게 나누고 싶은 욕구가 회원들에게도 자연스럽게 일어납니다. 리더는 성장하는 회원이 눈에 띄면 일대일로 만나 피드백하며 비전을 심어줍니다. 가끔 예비 리더가 직접 시도해보도록 기회와 책임도 주어 보세요. 이는 리더십이 자라는 비결입니다.

북클럽에서의 웃음소리, 행복한 소리를 어디선가 듣고 함께 하고 싶은 사람들은 늘어납니다. 이제 북클럽이 분리될 시간입니다. 회원도 늘어가고, 예비 리더도 준비가 되었다면 분리할 필요가 있겠지요. 리더의 안전한 품을 떠나 세워진 예비 리더가 떨림과 기대감을 가지고 시작할 수 있도록 용기를 주십시오.

리더가 또 다른 리더에게

모든 커뮤니티는 처음에는 작게 시작합니다. 그러나 리더가 꾸준히 성장하고 그 자리를 지킨다면 커뮤니티는 점차 커질 수밖에 없습니다. 회원이 많아지면 그만큼 서로를 향한 깊은 관심과 나눔도 약해집니다. 더욱 지속적인 성장을 위한 열쇠는 명확합니다. 이 안에서 리더를 발견하고 세우는 것입니다. 리더가 처음에는 북클럽을 잘 섬기고 세우는 것이 중요하지만, 모임이 커져갈 때는 예비 리더십을 세우는 것이 중요합니다. 그렇지 않으면 커뮤니티의 결속력과 힘, 지속성은 떨어질 수밖에 없습니다.

존 맥스웰이라는 리더십 교육가는 리더를 양성할 때 필요한 자세를 BEST로 정리했습니다.

Believe, 그들을 믿어주라
Encourage, 그들을 격려하라
Share, 그들과 나누라

Trust, 그들을 신뢰하라

모든 회원이 리더를 하려고 하지는 않습니다. 그러나 어느 조직에서든 20~30%는 성장에 대한 깊은 갈급함과 영향력을 미치고자 하는 이들이 있습니다. 작은 커뮤니티에서는 자신을 숨길 수가 없고 눈에 잘 띄기에 리더는 그런 가능성 있는 리더를 발굴하고 자극할 필요가 있습니다.

처음부터 부리더를 세우는 것도 좋은 방법입니다. 부리더가 있을 때 북클럽을 좀 더 효과적으로 감당할 수 있고, 새로운 리더쉽으로 이어지는 결과가 됩니다. 잘해보겠다는 과도한 열정으로 혼자서 모임을 이끌려고 하지 마십시오. 모든 이에게 역할과 책임을 나누어주고 그들이 일을 잘 할 수 있도록 격려하고 뒷받침해 주십시오. 책임을 나누어준다는 것은 그들을 신뢰한다는 표시입니다. 그뿐만 아니라 리더의 짐도 덜게 되고, 그 과정을 통해서 멤버는 성장의 기회가 되고 모임에 더 소속감을 느끼고 열심을 냅니다. 또한 리더가 될 만한 자질의 사람을 발굴하는 기회가 되는 거죠. 새로운 리더가 준비되고 북클럽 분리가 이루어진다는 것은 이 커뮤니티가 생명력이 있다는 증거입니다. 이렇게 질적으로 양적으로 성장해가는 북클럽은 계속 확장되어 지역사회에도 기여하는 결과를 낳을 것입니다.

이제 커뮤니티다

현재 우리는 기술의 발달로 다른 사람들과 소통할 기회가 무궁무진합니다. 그러나 한편으로 지금까지 경험하지 못한 고독이라는 문제에 직면해 있습니다. 그 영향을 가장 크게 받는 집단이 밀레니얼 세대와 Z세대인데요. 디지털 원주민이라고 부르는 이들은 태어날 때부터 스마트폰과 함께 자라왔습니다. 그들은 그 누구보다도 서로가 긴밀히 연결되어 있으면서도 그 어느 때보다 고립되어 있지요. 혼족, 혼술, 혼공, 혼밥은 이제 하나의 트렌드와 취향, 라이프 스타일이 되고 있습니다. 가족주의와 집단주의로 밀착된 문화를 가지고 있었던 우리는 조금은 느슨해질 필요가 있습니다. 그러나 이 또한 극단적인 방향으로 간다면 깊은 소외감을 낳게 되지요. 이는 청년 세대뿐 아니라 고령화 사회에서 고독사와 같은 문제로 여실히 드러납니다. 이러한 때에 커뮤니티는 다시 부상하고 있습니다.

『사회적 뇌, 인류 성공의 비밀』의 저자이자 사회 심리학자인 매튜 리버먼 박사는 상실, 거부, 소외, 고독 등 사회적 고통의 영향력을 한 연구를 통해서 밝힙니다. 이는 '사이볼'이라는 이름의 온라인 게임인데요. 세 사람이 공 던지기 게임을 합니다. 한 사람은 가지고 있는 공을 나머지 두 사람 중 누구에게나 던질 수 있습니다. 공을 받는 사람은 다시 다른 두 사람 중 한 명에게 공을 던질 수 있습니다. 처음엔 모두가 서로에게 골고루 공을 던집니다. 그러다가 어느 순간 다른 두 사람이 한 사람에게만 공을 주지 않는 것입니다. 계속 이런 플레이가 반복됩니다. 공을 받지 못한 한 사람은 어떤 느낌이 들까요?

리버먼 박사는 이 게임을 하는 동안 기능적 MRI를 촬영했습니다. 그 결과 게임에서 배제당한 한 사람의 신체적 고통을 나타내는 뇌 부위가 활성화되는 것을 관찰했습니다. 우리는 사회적 고통보다 신체적 고통을 더 심각하게 취급하는 경향이 있는데 그의 연구는 신체적 고통이든 사회적 고통이든 모두 똑같은 고통임을 보여줍니다.

고립으로 인한 소외감은 이처럼 신체적 고통 못지않은 깊은 아픔을 낳습니다. 사람들은 더 안전한 공간에서 자신을 열고 소통하기를 원하고 있습니다. 외로움이 상품이 되고, 고립이 사회적 문제가 되는 시대에 '북클럽'이라는 작은 커뮤니티는 자신을 안전하게 열어 보이는 공간이 됩니다. 너무 많지도 적지도 않은 이 공간에서 현대인들은 책이라는 좋은 자극을 줄 도구를 통해서 성장과 변화를 경험하고, 책과 사람을 잇는 연대와 인간성을 회복해 갈 것입니다. 이는 리더를 포함한 북클럽 멤버 전체가 가져야 이 시대의 비전이기도 합니다.

북클럽으로 나만의 커뮤니티를 시작해 보세요

최근 커뮤니티 리더십이 주목되고 있습니다. 『홀로 성장하는 시대는 끝났다』의 저자 이소영은 커뮤니티 리더가 왜 이 시대의 인재인지를 보여줍니다. 그녀는 커뮤니티 리더와 미래의 커뮤니티 리더를 연결하는 일을 계획하는 일을 하는데요. 추락하는 마이크로소프트를 다시 시총 1위로 만들었던 힘이 이 커뮤니티 리더십에 있음을 이 책에서 강조합니다.

그녀는 사람을 세 부류로 나누는데요. 한 부류는 어떤 특정 기술이나 자격증을 위해 열심히 공부하여 목표를 이룰 때까지 최선을 다하는 이들입니다. 이들은 소기의 목표를 이루고 나면 딱 거기에서 멈춥니다. 즉, 목표지향의 사람입니다. 두 번째 부류는 타고난 학습자로 늘 공부하는 삶을 삽니다. 새로운 지식에 대한 욕구도 충만하여 늘 신간 서적을 살펴보고 시대의 흐름에 뒤처지지 않기 위해 매일 열심히 공부합니다. 이들은 자기 계발형 유형입니다. 그녀가 눈여겨보며 집중하는 유형은 마지막 세 번째인데요. 이 사람들도 앞의 두 유형처럼 열심히 공부합니다. 하지만 거기서 끝나지 않고 자신이 공부한 것을 어떤 형태로든 다른 사람에게 알려주려고 합니다. 유익한 정보들을 블로그나 SNS에 공개하고, 함께하는 회사의 사람뿐 아니라 고객에게도 나눕니다. 이 부류의 사람들을 그녀는 커뮤니티 리더라 부릅니다. 그녀는 커뮤니티 공부를 통해서 커뮤니티 리더십을 쌓아가야 한다고 말합니다.

북클럽은 커뮤니티 리더십을 배울 수 있는 안전한 공간입니다. 무엇보다 책을 기반으로 하기에 책에서 얻은 인사이트를 중심으로 소통하며 함께 성장해 갈 수 있습니다. 다양한 생각을 교류하면서 편견과 독선적인 생각을 빼내고 유연하고 융합적인 사고를 훈련할 수 있습니다. 다양한 생각과 사람과 교류하면서 공감과 소통 능력을 배울 수 있습니다. 단순히 지식만이 아니라 삶의 지혜를 배우고, 독서와 사람으로 인해 존재가 채워짐을 경험합니다. 그렇게 채운 지식과 단단한 존재는 다양한 사람을 이해하고 섬길 수 있는 커뮤니티 리더십으로 발전합니다. 책과 사람에 대한 애정이 조금이라도 있다면 누구나 북클럽을 시작하실 수 있습니다. 북클럽으로 여러분만의 작고 단단한 커뮤니티 만들어가 보세요.

06 치유와 성장의 공간, 북클럽

저를 오랜 시간 성장시켜 준 것은 책과 책을 읽는 사람들이었습니다. 아무것도 몰랐던 철부지 시절 우연히 들어간 대학 동아리에서 선배들은 책을 읽었습니다. 매 학기 한 권의 필독서는 물론, 특별한 이벤트가 있을 때마다 지성을 깨운다며 수권의 책을 전시하고 캠퍼스를 지나다니는 학생들에게 책을 권했습니다.

그러한 풍경이 저를 둘러싸고 있어서인지 책을 읽어야 할 동기가 없었던 저는 반강제적으로 또는 자연스럽게 책에 스며들게 되었습니다. 책 읽는 사람은 저에게 하나의 풍경이 되어 주었고, 엄마와 같은 안전한 울타리가 되어 주어서 저는 책 속에 풍덩 빠져들 수 있었습니다. 작은 소모임으로 흩어져 그렇게 우리는 함께 책을 읽고 토론하고 삶을 고민했었지요.

코로나로 많은 사람이 온라인 공간에 모여 들었습니다. 온라인 공간은 수많은 사람이 모여 있는 공간입니다. 저마다 자신의 콘텐츠를 봐 달라고 아우성칩니다. 그 속에서 작고 큰 커뮤니티가 형성되어 조금씩 연결이 되고 있습니다. 책을 읽고 기록하는 사람도 많습니다. 다양한 독서 모임을 모집합니다. 함께 한 사진이 네모난 액자에 담겨 온라인에 전시되고 있었습니다.

SNS와 온라인 커뮤니티는 우리의 시간을 소리 소문 없이 빼앗는 적이 될 수도 있지만, 고립될 수 있는 우리의 삶을 느슨하게라도 연결해 주며, 새로운 만남을 이어주는 공간을 만들어 주기도 합니다. 코로나로 인해 숨죽였던 일상이 조금씩 안정화되고 다시 대면 모임이 활발해지고 있는데요. 그렇게 몸과 몸이 직접 만나는 감흥은 잊고 있었던 사람의 존재를 더욱 특별하게 느끼도록 도와줍니다. 기술이 고속으로 발달하고 있지만 여전히 인간이란 존재는 몸으로 부대끼며 살아야 하나 봅니다. 과거에는 일상이었던 것이 이제는 특별한 이벤트로 받아들여지고 있지요. 사람의 소중함을 느낍니다.

사람이 있는 공간이 늘 안전하지만은 않습니다. 세상에는 다양한 사람들이 있고, 저마다의 다름은 부딪힘이 되고 갈등이 될 수도 있기 때문입니다. 그러나 북클럽이라는 작은 공간은 책이라는 물건을 통해 조금이나마 그 다름을 더욱 빛낼 수 있습니다. 저마다의 다름이 틀림이 아니라 다채로운 색채임을 알려줍니다. 다이아몬드에 빛을 비출 때 수많은 색감이 반짝이며 아름답게 빛납니다. 이처럼, 책이라는 빛이 우리를 비추면 이 공간에 속한 모든 사람 속 숨겨진 색깔이 드러나 반짝이는 곳이 북클럽입니다.

책이라는 물건은 꼭 안전하지만은 않습니다. 책은 쾌락이라는 선물을 주기도 하지만, 수많은 사람을 흔들고 깨우기도 하기 때문입니다. 『책은 도끼다』라는 제목도 있듯이 책은 우리의 딱딱한 지성과 오랜 습관을 깨트리려고 늘 준비하고 있었습니다. 그렇게 책은 오랫동안 고수해왔던 신념을 뒤흔들고 불편하게 만듭니다. 그로 인해 개인의 삶뿐만 아니라 인류는 계속 진보해 온 것이지요.

사람이 책이다

때론 살다 보면 책이 잘 안 읽힐 때도 있습니다. 책 권태기가 오는 것이지요. 그러나 북클럽이라는 공간에 책만 있지 않습니다. 중요한 것은 사람이지요. 사람이 책이 되기도 합니다. 한 사람 한 사람의 인생은 책 한 권이잖아요. 그들이 펼쳐 보이는 삶은 서로를 비추는 거울이 되어 책과의 이 시기를 잘 견디고, 이길 수 있도록 도와줍니다. 서로의 삶이 부딪쳐 갈등이 되기도 하지만, 다르면서도 비슷한 서로의 삶이 공명이 되어 위로와 치유를 가져다주기도 합니다. '나만 그런 것이 아니었구나.', '내가 너무 자기 연민에만 빠져 있었네.', '저 사람은 저렇게 해답을 얻었구나.', '나는 왜 저런 생각을 못 했을까.', 그렇게 서로는 서로에게 마중물을 부어주면서 서로가 서로의 삶을 구하게 됩니다.

그렇게 책을 펼치듯 서로의 삶을 펼치면서 서로를 읽고 나를 읽게 됩니다. 책은 도구일 뿐이지요. 책을 읽고 서로를 읽고 나를 읽으면서 그렇게 자신과 타인과 세상을 향한 문해력이 함께 자라가는 것입니다. 문해력은 단순히 텍스트에만 해당하지 않습니다. 책 속의 문장, 그 속에 숨겨진 생각과 씨름해갈 때 텍스트에 대한 문해력뿐만 아니라 자기 삶을 해석하는 문해력도 함께 자라갑니다. 나의 과거에서부터 현재, 그리고 미래의 발걸음까지 말이지요. 조금씩 자신이 해석되면서 타인의 삶을 읽는 눈도 길러지고, 그 타인이 속한 공동체와 사회를 읽는 눈도 길러집니다.

북클럽 사용설명서에 대한 강의를 마칠 때 함께하셨던 분들에게 마지막으로 권해 드립니다. 책을 애정하는 한 사람이 하나의 북클럽을 시작하고, 그 하나의 북클럽은 작은 씨앗이 되어서 공동체와 사회에 기여하는 통로가 될 거라고요. 한 사람의 성장은 북클럽이라는 작은 커뮤니티의 성장을 가져오고, 북클럽의 성장은 속한 공동체의 성장을 가져올 것입니다. 공동체의 성장은 그 공동체가 속한 사회, 그 시대를 견인해 가는 마중물이 되지 않을까요. 우리 모두 함께 열심히 책을 읽는 사회를 만듭시다.

책에서 다시 사람 속으로

북클럽 사용설명서라는 이름의 강의를 처음 소개할 때 최재천 교수님의 문장을 빌어 '알수록 북클럽을 더욱 사랑하게 되는 시간이 될 것이다.'라고 했습니다. 그런데 강의를 듣는 중에 어떤 분이 "알수록 어려운 거 같아요."라고 과제 인증 글에 현재의 심정을 남기셨더라고요. 저도 강의하면서 너무 많은 이야기를 해서 듣는 청중을 더 복잡하게 만들어드리는 것은 아닌가하는 생각이 문득 들었는데요. 이분이 이런 글을 남기실 즈음 '사람'에 관한 강의를 한 후였어요.

그때 제가 이렇게 답변을 드린 거 같아요. 저는 원래 이과 출신이었습니다. 그런데 적성에 맞지 않았어요. 뭔가 딱딱하고 재미가 없었습니다. 결국 책과 사람이 좋아서 사람과 관련된 일을 오랜 시간 해 왔습니다. 10년째 일 하던 날 처음으로 이런 생각이 들었습니다.

> '이제는 숫자처럼 딱 떨어지는 일을 하고 싶다.'
> '그동안 사람을 통해서 제가 너덜너덜해진 거 같고 많이 닳아 있는 것 같아요.'
> '사람이 지겨워졌습니다. 정말 도망가고 싶었습니다.'
> '난 안 돼, 난 못해, 내가 굳이 뭣 하러.'
> '그래 사람들은 원래 잘 안 변해, 내가 이렇게 애쓸 필요가 없어'

이런 수많은 생각이 떠올랐죠. 그러나 그것은 회피였고 저의 방어기제였습니다. 사람을 돕고 저의 성숙을 막는 수많은 핑계와 합리화에 불과했죠.

그때 다시 손에 책을 집어 들었습니다. 책 또한 사람이 쓴 것이잖아요. 좋은 책은 결국 사람들 곁으로 가라고 말하더라고요. 조금씩 본질을 이해하고 힘을 빼니까 제가 회복되기 시작했어요. 결국 책은 저를 사람에게로 인도했습니다. 단순히 책 속에 갇혀서 고립되지 않도록 책 밖으로 저를 이끌어 주었어요. 새로운 사명과 신념으로 다듬어지고, 존재의 충만으로 사람들에게 좋은 것을 흘려보내도록 새 힘을 안겨 주었습니다. 같은 일을 할지라도 그 전과 후는 달라지지요. 책은 결국 사람들 속으로 세상 곁으로 갈 힘과 용기를 줍니다. 북클럽 한번 해 보지 않으실래요?

에필로그

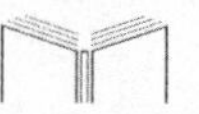

조금은 더 괜찮은 사람과 사회를 만들어가고자 하는 마중물

『크게 그린 사람』에서 저자는 한 소설가를 인터뷰하는데요. 작가는 그에게 “왜 소설을 쓰나요?”라고 묻습니다. 대답이 매우 인상적이었습니다. 그는 “나쁜 사람이 되지 않으려고요.”라고 말합니다.

우리는 늘 최상의 단어를 많이 붙이고, 그것을 추구하고, 또 그렇게 되려고 노력하잖아요. 1등이 아니면 낙오자가 된 거 같고요. 줄을 세워서 1등을 뺀 나머지 모두에게 실패감을 안겨주는 것은 매우 나쁜 버릇이지요. 그런데 인생을 살다 보면 1등이 아닌 삶에도 행복이 있고, 아름다움이 있음을 알게 됩니다.

또한 우리는 아주 멋지고 완벽한 사람이 되려고 자신을 갈고 닦는데요. 이 또한 허상임을 자신을 성찰해간다면 점차 알게 됩니다. 타인을 손가락질했던 그 손이 자신에게로 향할 수밖에 없는 모순을 발견하기 때문입니다. 그만큼 인간은 단순하지 않습니다. 이분법적으로 딱 잘라서 저 사람은 나쁘고 나는 착하다고 말할 수 없는 거죠. 내 안에도 수많은 선과 악이 존재하기 때문입니다. 그래서 소설가의 말은 인간의 본질에 대한 혜안이 있는 답변입니다.

우리가 책을 읽고 북클럽을 하는 이유도 그렇지 않을까 합니다. 최상의 사람이 되지는 못하고, 완벽한 사회가 되지는 못하더라도, 나와 우리 사회의 모순을 발견하고 작은 악에도 제동을 걸고 "나쁜 사람, 나쁜 사회는 되지 않으려고" 말이에요.

지난 저의 삶을 돌아보니, 혼자 책을 읽어왔다면 꾸준히 읽어왔을까 하는 생각이 들었어요. 대학을 졸업하고 오랜 시간이 지나 젊은 시절 함께 책을 읽었던 한 친구를 만났는데요. 그 친구는 대학 때 같은 커뮤니티 안에 있었기에 좋은 책을 만나고, 또 읽을 수 있었다고 고백했어요. 그런데 그 친구의 말을 가만히 들어보니 '지금도 그래서 읽고 있다.'가 아니라, 과거의 일을 추억하고 있었던 거예요. 책 읽는 공동체를 떠나면 책을 정말 좋아하지 않는 이상 독서를 지속하는 것이 쉽지 않구나라는 생각을 그때 했었습니다.

북클럽이라는 작은 커뮤니티는 우리가 책 읽는 삶을 꾸준히 이어갈 수 있도록 지지해 줍니다. 저 또한 함께 책 읽는 공동체가 없었다면 꾸준히 읽어가기 힘들었을 거예요. 요즘 많은 북클럽이 생겨나고 있는데요. 이 책이 북클럽을 시작하고자 하는 이들에게, 북클럽을 더 잘 이끌고 싶은 이들에게, 나를 성장시키고 내 삶을 열어 보일 안전한 공간이 필요한 이들에게 조금이나마 도움이 되었으면 합니다.

사람이 책을 만들고, 책이 사람을 만들어 가듯이, 사람이 북클럽을 만들지만, 북클럽 또한 더 좋은 사람을 만들어가지 않을까요.

북클럽과 같은 작은 커뮤니티는 오랜 시간 저에게 엄마의 자궁과 같이 안전한 공간이 되어 저를 먹이고 입히며 성장시켜 주었습니다. 인생을 살아가며 늘 행복하지는 않습니다. 인생이 늘 예측한 대로 풀리지도 않습니다. 때때로 실망하거나 절망에 빠지기도 합니다. 그러나 그런 여정을 함께하는 책공동체는 삶의 순간순간을 헤쳐 가도록 든든한 지원군이 되어줍니다. 여러분도 함께 읽으며 희로애락을 나누는 책친구를 만들어 더 아름다운 삶과 사회를 꿈꿀 수 있기를 바랍니다.

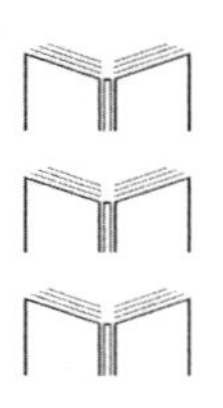